Jean Charles Volkmann

Agrégé d'histoire

Chronologie de l'histoire de France

"POUR L'HISTOIRE"

Les gravures de cet ouvrage sont reprises de
L'HISTOIRE DE FRANCE POPULAIRE
par Henri MARTIN
publiée en 1876 par Furne et Jouvet

EDITIONS JEAN-PAUL GISSEROT

INDEX DES PRINCIPAUX ÉVÉNEMENTS

ROIS, CHEFS D'ÉTAT ET RÉGIMES POLITIQUES FRANÇAIS

DYNASTIE MÉROVINGIENNE
Clovis Ier   vers 481-511
Clotaire Ier   511-561
Clotaire II   584-629
Dagobert Ier   629-639
"Les rois fainéants"   639-751

DYNASTIE CAROLINGIENNE
Pépin le Bref   751-768
Carloman   768-771
Charlemagne   768-814 (empereur en 800)
Louis Ier le Pieux   814-840
Charles II le Chauve   840-877
Louis II le Bègue   877-879
Louis III   879-882

Carloman   879-884
Charles le Gros   885-887
Eudes (Robertien)   888-898
Charles III le Simple   893-923
Robert Ier   922-923
Raoul (Robertien)   923-936
Louis IV d'Outremer   936-954
Lothaire   954-986
Louis V le Fainéant   986-987

DYNASTIE CAPÉTIENNE
Hugues Capet   987-996
Robert II le Pieux   996-1031
Henri Ier   1031-1060
Philippe Ier   1060-1108
Louis VI le Gros   1108-1137
Louis VII le Jeune   1137-1180
Philippe II Auguste   1180-1223
Louis VIII le Lion   1223-1226
Louis IX (saint Louis)   1226-1270
Philippe III   le Hardi   1270-1285
Philippe IV le Bel   1285-1314
Louis X le Hutin   1314-1316
Jean Ier   1316
Philippe V le Long   1316-1322
Charles IV le Bel   1322-1328
Philippe VI de Valois   1328-1350
Jean II le Bon   1350-1364
Charles V le Sage   1364-1380
Charles VI le Fou   1380-1422
Charles VII   1422-1461
Louis XI   1461-1483
Charles VIII   1483-1498
Louis XII   1498-1515
François Ier   1515-1547
Henri II   1547-1559
François II   1559-1560
Charles IX   1560-1574
Henri III   1574-1589
Henri IV   1589-1610
Louis XIII   1610-1643
Louis XIV   1643-1715
Louis XV   1715-1774
Louis XVI   1774-1792

PREMIÈRE RÉPUBLIQUE : 1792-1799
CONSULAT : 1799-1804

PREMIER EMPIRE :
Napoléon Ier   1804-1814 /1815

RESTAURATION :
Louis XVIII   1814-1815 / 1815-1824
Charles X   1824-1830

MONARCHIE DE JUILLET :
Louis-Philippe Ier   1830-1848

DEUXIÈME RÉPUBLIQUE :
Louis-Napoléon Bonaparte   1848-1852

SECOND EMPIRE :
Napoléon III 1852-1870

TROISIÈME RÉPUBLIQUE :
Adolphe Thiers   1871-1873
Mac-Mahon   1873-1879
Jules Grévy   1879-1887
Sadi Carnot   1887-1894
Jean Casimir-Périer   1894-1895
Félix Faure   1895-1899
Émile Loubet   1899-1906
Armand Fallières   1906-1913
Raymond Poincaré   1913-1920
Paul Deschanel   1920
Alexandre Millerand   1920-1924
Gaston Doumergue   1924-1931
Paul Doumer   1931-1932
Albert Lebrun   1932-1940

ÉTAT FRANÇAIS (régime de Vichy) :
Philippe Pétain   1940-1944

GOUVERNEMENT PROVISOIRE :   1944-1947

QUATRIÈME RÉPUBLIQUE :
Vincent Auriol   1947-1954
René Coty   1954-1959

CINQUIÈME RÉPUBLIQUE :
Charles de Gaulle   1959-1969
Georges Pompidou   1969-1974
Valéry Giscard d'Estaing   1974-1981
François Mitterrand   1981-1995
Jacques Chirac   1995-

Les alignements de Carnac.

LA PRÉHISTOIRE

v. −1 800 000 : présence attestée d'hommes dans l'espace français (âge de la pierre taillée : paléolithique).

v. −1 200 000 : début des grandes glaciations.

v. −1 000 000 : des groupes d'homo erectus pénètrent sur le territoire français.

v. −500 000 : l'homme maîtrise le feu.

v. −320 000 : présence d'homo erectus à Tautavel.

v. −100 000 : l'homme de Néanderthal (La chapelle-aux-saints).

v. −30 000 : apparition sur le territoire français de l'homme moderne, l'homo sapiens sapiens (homme de Cro-magnon).

v. −20 000 : essor de l'art des cavernes , décoration de la grotte de Lascaux.

v. −10 000 : fin de la dernière grande glaciation.

v. −9000 : début du réchauffement du climat.

v. −6000 : début du néolithique (âge de la pierre polie), l'homme devient cultivateur et sédentaire. Développement de l'usage de la poterie.

v. −5400 à −4700 : installation de peuples danubiens sur le territoire français.

v. −4500 à −3500 : érection de mégalithes (dolmens, menhirs).

Brennus mettant son épée dans la balance.

L'ANTIQUITÉ

v. −3500 : début de l'âge du cuivre.

ap. −2300 : installation de peuples issus d'Europe centrale (culture campaniforme).

v. −2000 : début de l'âge du bronze.

v. −1500 à −750 : installation de populations proto−celtes en Gaule.

v. −753 : fondation légendaire de Rome.

v. −725 à −450 : premier âge du fer, civilisation de Hallstatt.

v. −700 à −400 : invasions des Celtes en Gaule.

v. −600 : fondation de Marseille par des Phocéens.

v. −500 : sépulture de Vix.

−450 à −50 : second âge du fer, civilisation celtique de La Tène.

−385 : les Gaulois s'emparent de Rome.

−300 à −250 : les Celtes dans le sud de la Gaule.

−218 : les Gaulois apportent leur appui à Hannibal lors de son passage des Alpes vers l'Italie, pendant les guerres puniques.

−180 : début de la pénétration romaine en Gaule transalpine.

−125 à −122 : les Romains conquièrent la Provence. Fondation d'Aix−en−Provence.

−121 : annexion par les Romains du territoire des Allobroges. − Fondation de la province de Gaule transalpine par les Romains. Sa capitale, Narbonne, est fondée en −118.

−107 : défaite romaine près d'Agen devant les Tigurins helvétiques et les Volques Tectosages.

−105 : défaite romaine à Orange face aux Cimbres et aux Teutons.

−102 : le romain Marius bat les Teutons à Aix−en−Provence.

−101 : le romain Marius bat les Cimbres à Verceil.

−61 : les Suèves d'Arioviste envahissent la Gaule.

−59 : César devient consul à Rome. − Les Helvètes pénètrent en Gaule.

−58 : début de la Guerre des Gaules. Victoires de César sur les Helvètes près de Bibracte et sur les Suèves d'Arioviste en Alsace.

−57 : campagne de César dans le nord de la Gaule.

−56 : campagne de César chez les Vénètes.− Soumission de l'Armorique et des Aquitains.

−52 : révolte générale de la Gaule (Vercingétorix). Victoire gauloise à

Gergovie puis capitulation de Vercingétorix à Alésia.

−50 : fin de la guerre des Gaules.

−44 : assassinat de César à Rome.

−43 : fondation de Lyon, métropole des trois Gaules.

−39 à **−38** : révolte en Aquitaine, contre l'occupation romaine.

v. −36 : fondation de la colonie de Béziers.

−29 : révolte et soumission des Trévires.

−27 : l'empereur Auguste se rend en Gaule (organisation administrative).

−25 à **−16** : conquête du nord des Alpes par les Romains (extermination des Salasses).

−16 : construction de la Maison carrée de Nîmes.

−16 à **−13** : Auguste divise la Gaule en trois provinces.

−14 : conquête de la région des Alpes maritimes par les Romains.

−9 à **−6** : conquête de la région des Alpes centrales (Alpes cottiennes) par les Romains.

v. −7 : édification du trophée de La Turbie.

19 : édification de la porte triomphale de Saintes.

21 : révolte de Florus et Sacrovir en Gaule.

v. 25 : construction de l'amphithéâtre d'Arles.

v. 30 : prédication et mort du Christ.

v. 40–80 : période de l'apogée de la production de céramique gauloise de la Graufesenque.

48 : admission des Gaulois au Sénat romain (Tables claudiennes).

v. 50 : construction du pont du Gard.

v. 60–70 : construction de l'amphithéâtre de Nîmes.

68 : révolte de Vindex en Gaule.

70 : assemblée de Reims, fin de la révolte gauloise.

92 : l'empereur Domitien limite la culture de la vigne en Gaule.

177 : persécution des chrétiens, martyre de sainte Blandine à Lyon.

186–187 : des bandes de brigands ravagent la Gaule sous la conduite de Maternus.

196–197 : ralliement de la Gaule à la révolte de Clodius Albinus, gouverneur de Bretagne. L'empereur Septime Sévère bat Clodius Albinus à Lyon.

212 : édit de Caracalla, qui accorde la citoyenneté romaine à tous les hommes libres de l'Empire.

253–256–260 : invasions des Francs et des Alamans en Gaule.

257–258 : persécutions contre les chrétiens.

260 : fondation d'un Empire gaulois par Postumus (sécession jusqu'en 274).

269 : apparition des Bagaudes, bandes de vagabonds, en Gaule. Ils sont écrasés par Maximien en 286.

270 : nouvelle attaque des Francs.

274 : ralliement de l'Empire des Gaules à Aurélien, empereur de Rome.

274–275 : nouvelles incursions des Francs et des Alamans jusqu'au sud de la Gaule.

277 : victoire de l'empereur Probus sur les Alamans.

v. 280 : l'empereur Probus autorise la culture de la vigne partout en Gaule.

v. 297 : l'empereur Dioclétien partage la Gaule en deux diocèses.

303–304 : édits de persécution contre les chrétiens.

313 : édit de Milan de l'empereur Constantin, qui accorde la tolérance religieuse, donc le libre exercice du culte chrétien.

v. 352 : invasion de la Gaule par les Alamans et les Francs.

357 : l'empereur Julien bat les Alamans à Strasbourg.

358 : l'empereur Julien bat les Francs.

371–397 : saint Martin, évêque de Tours, répand le christianisme en Gaule.

378 : victoire de l'empereur Gratien sur les Alamans.

392 : le général franc Arbogast fait proclamer Eugène empereur.

395 : mort de l'empereur Théodose, séparation définitive de l'Empire d'Orient et de l'Empire d'Occident. – La préfecture des Gaules est transférée de Trèves à Arles.

Début Ve siècle : grandes invasions dans l'Empire romain; Vandales, Alains, Suèves, Wisigoths, Burgondes, Francs ravagent la Gaule.

v. 418 : les Wisigoths s'installent en Aquitaine.

v. 430 : les Francs s'installent dans le nord de la Gaule.

v. 440 : les Burgondes s'établissent en Savoie puis dans la vallée du Rhône et de la Saône.

Milieu Ve siècle. : début de l'installation des Bretons en Armorique.

451 : invasion des Huns avec Attila en Gaule. Résistance de sainte Geneviève à Paris. Attila est battu à la bataille des Champs catalauniques par le romain Aetius et le roi wisigoth Théodoric.

v. 455–470 : les Alamans s'installent en Alsace.

476 : le dernier empereur romain est détrôné, fin de l'Empire romain d'occident.

Supplice de Brunehaut.

LE MOYEN–ÂGE

477 : Euric, roi des Wisigoths, conquiert la Provence.

v. 481 : avènement de Clovis, roi des Francs saliens de Tournai.

v. 486 : Clovis bat Syagrius, dernier représentant romain en Gaule.

v. 493 : Clovis épouse Clotilde, princesse burgonde.

v. 496 : victoire de Clovis à Tolbiac sur les Alamans.

v. 498 : baptême de Clovis à Reims.

v. 500 : campagne et échec de Clovis contre les Burgondes.

501 : publication de la loi Gombette chez les Burgondes (rédaction des coutumes).

506 : publication du bréviaire d'Alaric (loi romaine des wisigoths).

507 : victoire de Clovis à Vouillé sur les Wisigoths et annexion de l'Aquitaine. (après deux échecs v. 496 et en 498).

v. 509 : Clovis reconnu roi par les Francs ripuaires. Il devient seul roi des Francs.

v. 510 : publication de la loi salique (code de lois) par les Francs.

511 : concile d'Orléans réunissant les évêques du royaume franc. – Mort de Clovis. Partage du royaume entre ses quatre fils.

523–534 : conquête du royaume burgonde par les Francs.

531 : conquête de la Thuringe par les Francs.

537 : les Francs conquièrent la Provence sur les Ostrogoths et imposent leur domination aux Alamans.

v. 540 : rédaction de la Règle de saint Benoît de Nursie (règle bénédictine).

543 : grande épidémie de peste (également en 559, 571, 599 et 605).

555 : Clotaire Ier soumet la Bavière.

v. 556 : les Francs soumettent les Saxons.

558 : l'unité du royaume franc rétablie au profit de Clotaire Ier.

561 : mort de Clotaire Ier. Nouveau partage du royaume entre ses quatre fils. (Sigebert, Chilpéric, Caribert et Gontran).

v. 566 : mariage des rois Sigebert et Chilpéric avec les princesses wisigothiques Brunehaut et Galswinthe.

567 : mort de Caribert. Formation des trois royaumes (Austrasie, Neustrie et Bourgogne).

569–575 : raids des Lombards en Gaule.

568 : assassinat de la reine Galswinthe. Chilpéric épouse Frédégonde.

Début de la guerre entre Chilpéric et Sigebert.

573–594 : Grégoire, évêque de Tours, écrit l'*Historia francorum.*

575 : Sigebert vainqueur de son frère Chilpéric à Vitry, mais il est assassiné. Childebert II lui succède.

579 : les Bretons s'avancent jusqu'à Rennes et Vannes.

ap. 581 : les Gascons s'installent en Aquitaine.

584 : assassinat du roi Chilpéric, son fils Clotaire II lui succède.

v. 585 : apparition de la dîme.

587 : traité d'Andelot et rétablissement de la paix entre les Francs.

590–604 : pontificat de Grégoire le Grand.

v. 594 : saint Colomban fonde le monastère de Luxeuil.

595 : mort du roi Childebert II. Partage de son royaume entre Thibert II et Thierry II.

597 : mort de la reine Frédégonde.

v. 600 : reprise de la guerre entre Clotaire II d'une part, et Thibert II et Thierry II d'autre part.

602 : soumission des Gascons.

612 : mort du roi Thibert II.

613 : Clotaire II fait tuer le roi Thierry II et Brunehaut et reconstitue l'unité du royaume franc. Il nomme à la tête de chacun des trois royaumes, un maire du palais.

614 : Clotaire II réunit un concile et une assemblée des Grands à Paris et publie un édit de paix.

629 : mort du roi Clotaire II. Son fils Dagobert Ier lui succède.

v. 630 : campagnes de Dagobert Ier contre les Frisons.

639 : mort du roi Dagobert Ier. Division du royaume entre Sigebert III (Austrasie) et Clovis II (Neustrie–Bourgogne), ses fils. Début de la période des "rois fainéants".

640 : mort de Pépin Ier, maire du palais d'Austrasie.

641–660 : Eloi, évêque de Noyon–Tournai.

656 : mort du roi d'Austrasie, Sigebert III. Childebert est imposé comme roi par le maire du palais Grimoald (ils seront assassinés en 662).

657 : mort du roi de Neustrie–Bourgogne Clovis II. Clotaire III lui succède.

658 : Ebroïn devient maire du palais de Neustrie.

v. 670 : substitution progressive du parchemin au papyrus dans les actes officiels. Disparition de la monnaie d'or.

673 : Childéric II seul roi des Francs. Il est assassiné en 675.

v. 675 : l'Aquitaine devient une principauté indépendante.

677 : reprise de la guerre entre la Neustrie et l'Austrasie.

v. 680 : Pépin II d'Héristal devient maire du palais d'Austrasie.– Assassinat d'Ebroïn.

687 : victoire de Pépin d'Héristal à Tertry sur les Neustriens, il devient maire du palais de Neustrie, réunissant alors les trois royaumes.

709–712 : expédition de Pépin d'Héristal contre les Alamans révoltés.

14

711 : invasion arabe en Espagne.

714 : mort de Pépin d'Héristal. Charles Martel devient maire du palais d'Austrasie. Soulèvement des Neustriens.

716–720 : Charles Martel soumet les Neustriens.

v. 720–725 : les Arabes ravagent le sud de la Gaule. Eudes, duc d'Aquitaine, les bat devant Toulouse vers 721.

720–738 : conquête progressive de la Germanie par Charles Martel.

732 : Charles Martel arrête les Arabes à Poitiers.

736–739 : campagnes victorieuses de Charles Martel en Septimanie et en Provence.

737 : mort de Thierry IV, seul roi des Francs. Charles Martel laisse vacant le trône mérovingien.

741 : mort de Charles Martel; révolte contre ses successeurs, Pépin III le Bref et Carloman.

742 : grande épidémise de peste.

743 : les deux maires du palais rétablissent un roi mérovingien, Chidéric III.

743–746 : campagnes de Pépin et Carloman en Aquitaine et en Germanie.

743–747 : réforme de l'Église franque (concile germanique en 743, conciles des Estinnes et de Soissons en 744 réunis par Carloman et Pépin).

747 : Pépin III le Bref seul maire du palais après le retrait de Carloman.

751 : Pépin le Bref dépose le dernier roi mérovingien Childéric III et se fait élire roi des Francs par les Grands du royaume à Soissons puis sacrer par les évêques francs.

752–759 : reconquête de la Septimanie sur les Arabes.

754 : le pape Étienne II sacre Pépin à Saint–Denis.

754–756 : expéditions franques en Italie contre les Lombards, Pépin restitue au pape ses territoires (embryon des États pontificaux).

v. 755 : réforme monétaire de Pépin, adoption du denier d'argent.

755–762 : poursuite de la réforme de l'Église franque par la réunion de plusieurs conciles (institution du principe de la dîme en 756).

760–768 : expéditions franques en Aquitaine et soumission définitive.

768, 24 septembre : mort de Pépin le Bref. Partage du royaume entre ses fils, Charles et Carloman.

771 : Charles Ier (Charlemagne), seul roi des Francs après la mort de Carloman.

773–774 : campagne de Charlemagne en Italie contre les Lombards, victoire sur le roi Didier. Charlemagne, roi des Lombards.

778 : expédition de Charlemagne en Espagne, mort de Roland au passage du col de Roncevaux.

779 : la perception de la dîme est rendue obligatoire.

v. 780 : réforme monétaire de Charlemagne : le denier d'argent est la seule monnaie. En 805, il réaffirme le monopole royal de frappe des monnaies.

– apparition des *missi dominici*.

781 : Charlemagne nomme son fils Louis, roi d'Aquitaine et son fils Pépin, roi des Lombards.

v. 786 : Charlemagne exige des hommes libres un serment de fidélité (demande renouvelée en 792 et 802).

789 : capitulaire de Charlemagne *Admonitio generalis* (avertissement général), destiné à fixer la vie de l'Église.

794 : capitulaire du maximum limitant les prix de certaines denrées.

– consolidation du denier d'argent institué par Pépin le Bref.

799 : expédition franque en Bretagne (également en 811).

800, 25 décembre : couronnement impérial de Charlemagne à Rome par le pape Léon III.

v. 800 : capitulaire *De Villis* pour régler la bonne gestion des domaines impériaux.

802 : capitulaire impérial, grandes réformes administratives de Charlemagne. Régularisation de l'institution des *missi dominici*.

805 : capitulaire de Thionville définissant les obligations militaires des hommes libres.

806 : capitulaire de Nimègue condamnant le prêt à intérêt et la spéculation. – Projet de partage de l'empire entre ses trois fils par Charlemagne.

810 : mort de Pépin, deuxième fils de Charlemagne.

811 : mort de Charles, premier fils de Charlemagne.

813, septembre : couronnement de Louis, troisième fils de Charlemagne et association au gouvernement de l'Empire.

814, 28 janvier : mort de Charlemagne. Son fils Louis Ier le Pieux lui succède.

816, octobre : sacre et couronnement de Louis Ier par le pape Étienne IV à Reims.

8 1 7

– Juillet : *Ordinatio imperii* : Louis Ier fait de son fils Lothaire son unique héritier. Décision acceptée par une assemblée des grands en 821.

– Réforme monastique de Benoît d'Aniane, généralisant la règle bénédictine.

818 : expédition franque en Bretagne.

– Révolte de Bernard, roi d'Italie, tué par Louis Ier.

819, février : remariage de Louis Ier avec Judith de Bavière, après la mort de sa première femme Ermengarde en 818.

v. 820 : premier raid normand à l'embouchure de la Seine.

822, août : pénitence d'Attigny, l'empereur confesse publiquement ses fautes.

824 : raid normand sur Noirmoutier.

829 : Louis Ier remet en cause l'*Ordinatio imperii* de 817 au profit de Charles, enfant de son deuxième mariage. – Louis Ier fait réunir quatre conciles.

830 : expédition de Louis Ier en Bretagne. – Révolte de Lothaire, Louis et Pépin contre leur père.

833 : nouvelle révolte des fils de Louis Ier qui est jugé, condamné et déposé au Lügenfeld.

834, mars : restauration de Louis Ier.

ap. 834 : raids incessants des Normands sur les côtes françaises.

838 : À la mort de son fils Pépin, roi d'Aquitaine, Louis Ier attribue le royaume à Charles contre Pépin II, fils de Pépin.

839 : expédition de Louis Ier en Aquitaine.

840, 20 juin : mort de Louis Ier le Pieux. Lothaire devient empereur et s'oppose à ses deux frères Louis et Charles.

v. 840 : début des raids normands à l'intérieur du pays. – Raids des Sarrasins en Provence et dans le sud–est.

841, 25 juin : victoire de Charles et Louis sur Lothaire à Fontenoy-en–Puisaye.

842, 14 février : serments de Strasbourg, union de Charles et Louis contre Lothaire.

8 4 3

– Août : traité de Verdun, partage de l'empire entre les trois fils de Louis Ier le Pieux (Charles, Louis et Lothaire). Maintien de la dignité impériale au profit de Lothaire.

– Novembre : Charles le Chauve, roi de Francie occidentale, s'engage à Coulaines à maintenir dans leurs droits les Grands de son royaume.

844, octobre : rencontre entre les trois frères à Yütz, "régime de la fraternité". Nouvelles rencontres en 847 et en 851.

844–848 : lutte de Charles le Chauve contre son neveu Pépin II pour la maîtrise de l'Aquitaine.

8 4 5

– Juin : pillage de Paris par les Normands.

– 22 novembre : victoire du duc breton Nominoë sur Charles le Chauve à Ballon.

846 : affirmation de l'indépendance politique de la Bretagne.

847 : capitulaire de Mersen par lequel Charles le Chauve ordonne aux hommes libres de se choisir un seigneur.

v. 850 : premiers établissements permanents des Normands à l'embouchure de la Seine et de la Loire.

851 : Charles le Chauve reconnaît le titre royal à Erispoë, fils de Nominoë et lui cède les comtés de Retz, Nantes et Rennes.

855, 29 septembre : mort de l'empereur Lothaire. Division de son royaume entre ses trois fils, Louis II (empereur), Lothaire II et Charles.

856 : début de la grande invasion des Normands (nouveaux pillages de Paris en 858 et 861).

858 : invasion de la Francie occidentale par Louis le Germanique à l'appel des Grands du royaume. Charles le Chauve le bat en janvier 859.

– Fondation du monastère de Vézelay par Girart de Vienne.

863 : mort de Charles, fils de Lothaire et roi de Provence. Son royaume est partagé entre ses frères, Lothaire II et Louis II.

869, 8 août : mort de Lothaire II. Charles le Chauve se fait couronner roi de Lorraine en septembre.

Le siège de Paris par les Normands.

870, août : convention de Mersen, Charles le Chauve et Louis le Germanique se partagent la Lotharingie.

8 7 5

– 12 avril : mort de l'empereur Louis II.

– 25 décembre : couronnement impérial de Charles le Chauve par le pape Jean VIII à Rome.

8 7 6

– Août : mort de Louis le Germanique; partage de son royaume entre ses trois fils, Louis le Jeune, Charles le Gros et Carloman.

– Octobre : Charles le Chauve est battu à Andernach par Louis le Jeune.

8 7 7

– 14 juin : assemblée et capitulaire de Quierzy; Charles le Chauve partant pour l'Italie, confie le royaume à son fils Louis et aux Grands.

– 6 octobre : mort de Charles le Chauve. Avènement de son fils Louis II le Bègue, sacré le 8 décembre à Compiègne.

8 7 9

– 10 avril : mort du roi Louis II le Bègue. Ses fils Louis III et Carloman lui succèdent et se partagent le royaume.

– 15 octobre : Boson est proclamé et couronné roi de Provence.

8 8 1

– 12 février : couronnement impérial de Charles le Gros à Rome.

– 3 août : victoire de Louis III sur les Normands à Saucourt–en–Vimeu.

882 : mort de Louis III. Carloman seul roi.

884, décembre : mort de Carloman. Avènement de Charles III le Simple, fils posthume de Louis II le Bègue. Du fait de son jeune âge, les Grands font appel à l'empereur Charles le Gros qui assure la régence.

885, juin : restauration territoriale de l'Empire au profit de Charles le Gros.

885–886 : siège de Paris par les Normands, défendu par le comte Eudes.

887 : déposition de l'empereur Charles le Gros par les Grands.

8 8 8

– 13 janvier : mort de Charles le Gros.

– 29 février : Eudes est élu roi de France par les Grands, et sacré à Compiègne.

– 24 juin : victoire du roi Eudes à Montfaucon sur les Normands.

890, 6 juin : Louis, fils de Boson, sacré roi de Provence.

v. 890 : installation des Sarrasins en Provence, à la Garde–Freinet.

893, 28 février : Charles III le Simple est sacré roi de France. Lutte contre Eudes.

v. 894–895 : Richard le Justicier fonde le duché de Bourgogne.

897 : négociation entre Charles le Simple et Eudes, celui–ci promet de lui laisser le trône à sa mort.

8 9 8

– 1er janvier : Charles III le Simple roi de France après la mort de Eudes.

– 28 décembre : victoire de Charles III le Simple sur les Normands à

Saucourt–en–Vimeu.

1ère moitié du Xème siècle : morcellement du royaume en principautés.

910 : fondation de l'abbaye de Cluny par Guillaume le Pieux.

911 : après la défaite des Normands à Chartres, traité de Saint–Clair–sur–Epte entre Charles III le Simple et Rollon, chef des Normands; le roi de France leur concède un territoire (le pays de Caux).

– Mort de l'empereur Louis l'Enfant : la Lorraine se soumet à Charles III le Simple.

913 : début des raids hongrois en France (également en 917, 924, 935, 937 et 954).

920–922 : révolte des Grands contre le roi Charles III le Simple. Celui–ci, battu, doit s'enfuir en Lorraine. Robert Ier est élu roi de France et sacré à Reims le 30 juin 922.

922, septembre : mort de Richard, duc de Bourgogne. Son fils Raoul lui succède.

923, 15 juin : victoire des princes à Soissons sur Charles III le Simple, mais mort du roi Robert Ier. Les grands élisent le duc de Bourgogne, Raoul, roi de France. Charles III le Simple est fait prisonnier (il mourra en 929).

925 : pillage de Fréjus par les Sarrasins. – La Lorraine retombe dans les possessions germaniques.

935 : le roi Raoul reconnaît la perte de la Lorraine.

936, 15 janvier : mort du roi Raoul. Avènement de Louis IV d'Outre–Mer, fils de Charles III le Simple, sacré à Laon le 18 juin.

945–946 : le robertien Hugues le Grand retient captif le roi Louis IV, qui fait appel à Othon Ier, roi de Germanie. Le roi retrouve la liberté.

948, juin : synode des évêques de Francie et de Germanie à Ingelheim.

950 : Hugues le Grand reconnaît la souveraineté du roi Louis IV. Ils signent une paix définitive en 953.

954, 10 septembre : mort du roi Louis IV d'Outre–Mer. Avènement de son fils Lothaire, sacré à Reims le 12 novembre.

956 : Hugues le Grand reçoit le duché de Bourgogne et le duché d'Aquitaine. Il meurt.

973 : reprise de la Garde–Freinet aux Sarrasins.

978 : guerre entre Lothaire et Othon II, empereur d'Allemagne, en Lorraine.

979, 8 juin : le roi Lothaire associe au trône son fils Louis et le fait sacrer.

985, mars : Lothaire s'empare de Verdun.

986, 2 mars : mort du roi Lothaire. Avènement de son fils Louis V le Fainéant.

9 8 7

– 21 mai : mort du roi Louis V le Fainéant.

– 3 juillet : les Grands élisent roi de France Hugues Capet, fils de Hugues le Grand, contre Charles de Lorraine. Début de la dynastie des Capétiens.

– 25 décembre : Hugues Capet fait élire et sacrer son fils Robert qu'il associe au trône.

989, juin : concile des évêques d'Aquitaine à Charroux qui décrète la "paix de Dieu", dispositions reprises au concile de Narbonne en 990.

991, mars : Charles de Lorraine est livré à Hugues Capet.

996, 24 octobre : mort du roi Hugues Capet. Avènement de son fils Robert II le Pieux. Celui-ci épouse en deuxièmes noces Berthe de Bourgogne.

999 : conflit entre le roi Robert II et le pape qui casse le deuxième mariage du roi et l'excommunie.

1002 : Robert II le Pieux fait valoir ses droits sur le duché de Bourgogne après la mort du duc (conflit avec le comte de Mâcon jusqu'en 1016).

v. 1003 : le roi Robert II finit par se séparer de Berthe de Bourgogne et se remarie avec Constance d'Arles.

1014 : la Corse est libérée des Sarrasins.

1015–1016 : les comtés de Dreux, de Paris et de Melun sont rattachés au domaine royal.

1016 : concile de Verdun–sur–le–Doubs pour obliger les seigneurs à respecter la paix de Dieu.

1017 : Hugues, fils de Robert II le Pieux, est sacré et associé au trône.

v. 1020 : concile d'Orléans, relance du mouvement de la paix de Dieu (renouvelé à Beauvais en 1023 et en Provence en 1041).

v. 1020–1050 : définition de plus en plus précise de la vassalité et des liens vassaliques.

1025 : mort de Hugues, fils du roi Robert II le Pieux. Son deuxième fils, Henri, est sacré à Reims et associé au trône en 1027.

1027 : fondation de la première principauté normande en Italie.

1031, 20 juillet : mort du roi Robert II le Pieux. Avènement de son fils Henri Ier mais conflit avec son frère Robert, que les Grands veulent imposer et à qui il donnera le duché de Bourgogne en 1032.

1046 : Robert Guiscard, seigneur normand, part pour l'Italie. Victoire sur l'armée pontificale en 1053, à Civitella.

1051, mai : mariage du roi Henri Ier et d'Anne de Kiev.

1054 : guerre entre Henri Ier et Guillaume, duc de Normandie. Défaite du roi de France.

1 0 5 9

– 23 mai : le prince Philippe, fils du roi Henri Ier, est sacré et associé au trône.

– Le pape Nicolas II fait Robert Guiscard duc de Pouille et de Calabre (concile de Melfi).

1060, 4 août : mort du roi Henri Ier. Avènement de son fils Philippe Ier.

1061 : début de la conquête de la Sicile par les Normands (jusqu'en 1091).

1066, 14 octobre : victoire de Guillaume le Conquérant, duc de Normandie, à Hastings. Conquête de l'Angleterre. Guillaume est couronné roi d'Angleterre le 25 décembre.

1068 : le Gâtinais est réuni au domaine royal.

v. 1069 : manifestation communale au Mans.

1071 : Robert Guiscard chasse les Byzantins de l'Italie du sud par la prise de Bari.

1074 : réunion du Vexin au domaine royal.

1094 : le pape Urbain II excommunie le roi Philippe Ier qui a répudié sa première femme et s'est remarié en 1092. Il jette l'interdit sur le royaume en 1100.

1095, novembre : concile de Clermont, prédication de la première croisade par le pape Urbain II.

1096–1099 : première croisade pour reconquérir les lieux saints. Échec de la croisade populaire.

1097, mai : Louis, héritier du roi Philippe Ier, est fait chevalier.

1098 : Robert de Molesme fonde l'ordre de Cîteaux.

1100 : le roi Philippe Ier associe au trône son fils Louis.

v. 1100 : composition de la Chanson de Roland.

XIIe siècle : de nombreuses villes obtiennent des chartes communales et s'émancipent de la tutelle seigneuriale.

1101–1137 : campagnes de Louis, prince puis roi contre les seigneurs de ses terres pour réduire la féodalité du domaine royal.

1105 : le roi Philippe Ier obtient l'absolution du pape Pascal II.

1108, 29 juillet : mort du roi Philippe Ier. Avènement de son fils Louis VI le Gros, sacré à Orléans le 3 août.

1109–1119 : conflit entre Louis VI le Gros et Henri Ier d'Angleterre pour la Normandie, défaite de Louis VI à Brémule en août 1119.

1111–1112 : insurrection communale des bourgeois de Laon.

ap. 1114 : réapparition de l'hérésie cathare et extension dans le Midi. Condamnation par le concile de Toulouse en 1119.

v. 1118 : fondation de l'ordre du Temple à Jérusalem par des chevaliers français.

1122–1126 : le roi Louis VI le Gros entreprend deux expéditions en Auvergne contre le comte.

1123–1124 : Nouvelle guerre entre Louis VI et Henri Ier.

1130 : Roger II, neveu de Robert Guiscard, réunit toutes les possessions normandes en Italie et devient roi de Sicile.

1131, octobre : le roi Louis VI le Gros fait sacrer son deuxième fils Louis à Reims, après la mort de son fils aîné Philippe.

1 1 3 7

– 25 juillet : mariage du prince héritier Louis avec Aliénor d'Aquitaine.

– 1er août : mort du roi Louis VI le Gros. Avènement de son fils Louis VII le Jeune.

1137–1138 : révoltes communales à Orléans et Poitiers, réprimées par Louis VII.

1142–1144 : grave conflit entre Louis VII et la papauté.

1146, 31 mars : saint Bernard prêche une nouvelle croisade à Vézelay.

1147–1149 : deuxième croisade à laquelle participe le roi Louis VII, qui laisse le pays sous la régence de Suger.

1150–1151 : Louis VII attaque la Normandie : nouveau conflit avec le comte d'Anjou.

ap. 1150–1160 : progrès de l'hérésie cathare qui s'organise en une véritable Église.

1151, 13 janvier : mort de Suger, conseiller du roi Louis VII.

1 1 5 2

– 21 mars : divorce du roi Louis VII et d'Aliénor d'Aquitaine.

– Mai : mariage d'Aliénor d'Aquitaine et d'Henri Plantagenêt, duc de Normandie, futur roi d'Angleterre.

1 1 5 4

– Décembre : Henri II Plantagenêt, roi d'Angleterre, domine la moitié ouest de la France.

– Le roi de France Louis VII épouse Constance de Castille.

1155, 10 juin : première ordonnance capétienne, Louis VII décide une paix de dix ans dans le royaume.

1156, février : Henri II Plantagenêt fait hommage au roi de France Louis VII pour les fiefs qu'il tient de lui en France.

1159 : reprise du conflit entre Louis VII et Henri II, le roi de France défend Toulouse.

1160, 13 novembre : Louis VII, veuf, se remarie avec Adèle de Champagne.

1 1 6 7

– Nouvelle guerre entre Louis VII et Henri II dans le Vexin. (jusqu'en 1172).

– Assemblée cathare de Saint–Félix–de–Caraman en Lauragais.

1169, 6 février : paix de Montmirail entre la France et l'Angleterre.

1173, juin : reprise de la guerre entre Louis VII et Henri II, dont les fils ont conclu une alliance avec le roi de France.

v. 1173 : Valdès fonde à Lyon la secte des vaudois. Ils sont condamnés comme hérétiques en 1184.

1174 : Henri II se réconcilie avec ses fils. Le roi de France rend ses conquêtes.

1177 : traité de Saint–Rémy–sur–Avre entre la France et l'Angleterre.

1179, 1er novembre : le prince héritier Philippe est sacré à Reims.

1 1 8 0

– 15 février : mesures contre les Juifs.

– 28 avril : mariage du prince héritier Philippe et d'Isabelle de Hainaut.

– 28 juin : traité de Gisors entre la France et l'Angleterre.

– 18 septembre : mort du roi Louis VII. Avènement de son fils Philippe II Auguste.

1181 : coalition des comtes de Champagne, de Bourgogne et de Flandre contre Philippe Auguste.

1182, avril : expulsion des Juifs du royaume et confiscation de leurs biens. Un massacre de juifs a lieu en 1193.

1184 : début des tournées des baillis, représentants locaux du roi.

1185, juillet : traité de Boves avec la Champagne et la Flandre. Philippe II Auguste récupère Amiens.

1187 : guerre entre Philippe Auguste et Henri II d'Angleterre. Paix conclue à Gisors en janvier 1188.

1190

– 15 mars : mort de la reine Isabelle de Hainaut.

– 24 juin : ordonnance de Philippe Auguste réglant le sort du royaume durant son absence pour la croisade.

– 4 juillet : départ de Philippe Auguste pour la troisième croisade. Retour du roi à la fin de l'année 1191.

1192 : le roi Philippe Auguste met la main sur l'Artois et le Vermandois, dot de sa femme.

1193

– 14 août : mariage du roi Philippe Auguste et d'Ingeborg de Danemark.

– 5 novembre, répudiation de la reine par Philippe Auguste.

1194 : guerre entre Philippe Auguste et Richard Cœur de Lion, roi d'Angleterre, après la conquête de la Normandie par le roi de France, défaites françaises à Fréteval puis à Courcelles en 1198. – Institution d'un impôt de guerre sous forme de réquisition d'hommes.

1196 : le roi Philippe Auguste se remarie avec Agnès de Méran.

1198 : les Juifs sont autorisés à rentrer dans le royaume.

1199

– Janvier : trêve de Vernon entre Philippe Auguste et Richard Cœur de Lion.

– Le pape jette l'interdit sur le royaume après le remariage du roi.

1200

– 22 mai : paix du Goulet entre Philippe Auguste et Jean, roi d'Angleterre, le roi de France gagne le Berry.

– 23 mai : mariage du prince héritier Louis et de Blanche de Castille.

– Philippe Auguste se sépare d'Agnès de Méran et reprend Ingeborg de Danemark.

1202

– Avril : Philippe Auguste prononce la confiscation des fiefs français de Jean, roi d'Angleterre.

– Juin : Philippe Auguste envahit la Normandie.

– le trésor royal est déposé au Temple.

1202–1204 : quatrième croisade en Terre sainte.

1204, mai : prise de Château–Gaillard par Philippe Auguste et conquête de la Normandie. La Touraine et l'Anjou sont conquis en 1205, Nantes en 1206 et le Poitou en 1208.

1206 : ordonnance limitant le taux des prêts à intérêt des Juifs. Ils sont interdits en 1230.

1206–1207 : prédication de saint Dominique chez les Cathares.

1208, janvier : assassinat du légat du pape Pierre de Castelnau. Innocent III appelle à la croisade contre les Albigeois.

1209 : début de la croisade contre les Albigeois. Sac de Béziers (juillet).

1212 : victoire de Simon de Montfort à Castelnaudary sur le comte de

Toulouse. – Échec de la croisade des enfants vers la Terre sainte.

1 2 1 3

– Avril : la reine Ingeborg de Danemark revient à la cour après vingt ans de détention.

– Septembre : bataille de Muret, victoire de Simon de Montfort sur le comte de Toulouse et le roi d'Aragon.

– Coalition du comte de Flandre, du roi d'Angleterre et de l'empereur d'Allemagne contre Philippe Auguste.

1214 : Philippe Auguste est vainqueur de la coalition à la Roche–aux–moines (2 juillet) et à Bouvines (27 juillet). Traité de Chinon (septembre).

1215 : Simon de Montfort devient comte de Toulouse. – Fondation de l'ordre des Dominicains. – Le roi oblige les Juifs à porter la rouelle.

1216 : campagne du prince héritier Louis contre les Albigeois.

1216–1217 : le prince Louis porte la guerre en Angleterre, défaite à Lincoln.

1217–1221 : cinquième croisade en Terre sainte.

1218 : nouvelle croisade contre les Albigeois, mort de Simon de Montfort (25 juin).

1223, 14 juillet : mort du roi Philippe II Auguste. Avènement de son fils Louis VIII le Lion, sacré à Reims le 6 août.

1224 : Louis VIII soumet le Poitou et la Saintonge. – Révolte des seigneurs du Languedoc contre le roi de France.

1226, mai : nouvelle croisade contre les Albigeois, conquête d'Avignon.

– 8 novembre : mort du roi Louis VIII. Avènement de son fils Louis IX (saint Louis) sacré à Reims le 29. Régence de sa mère Blanche de Castille.

1227 : soulèvement des grands vassaux; traité de Vendôme, soumission des comtes de Bretagne et de la Marche.

1228–1229 : sixième croisade en Terre sainte.

1228–1235 : nouveaux soulèvements des grands vassaux (en particulier Pierre Mauclerc, comte de Bretagne, battu en 1234).

1229, 12 avril : traité de Paris entre Louis IX et Raymond VII, comte de Toulouse : rattachement de l'est du Languedoc au domaine royal.

1230, mai–octobre : expédition d'Henri III d'Angleterre en France pour reconquérir ses possessions.

v. 1230 : sédentarisation des baillis.

1233 : institution de l'Inquisition en Languedoc.

1 2 3 4

– 25 avril : Louis IX est déclaré majeur. Fin de la régence de Blanche de Castille.

– 27 mai : mariage du roi Louis IX et de Marguerite de Provence.

1235, août : trêve de cinq ans conclue entre Louis IX et Henri III d'Angleterre.

1239, février : achat du comté de Mâcon par Louis IX.

ap. 1240 : multiplication des chartes de franchises accordées aux communautés rurales.

1241-1242 : révolte d'Hugues de Lusignan, comte de la Marche, puis de Raymond VII, comte de Toulouse, soutenus par Henri III d'Angleterre.

1242

– Mai : Henri III débarque en France.

– Juillet : victoires de Louis IX sur Henri III à Taillebourg et à Saintes.

1243

– Janvier : paix de Lorris avec le comte de Toulouse, renouvelant le traité de Paris.

– Mars : trêve de cinq ans conclue entre Louis IX et Henri III.

1244

– Mars : capitulation de la forteresse cathare de Montségur.

– Premières coalitions et émeutes ouvrières à Evreux, Rouen et Douai (jusqu'en 1245).

1247 : premier envoi par le roi des enquêteurs royaux dans les provinces. (Renouvelé en 1255, 1257 et 1258).

1248-1254 : septième croisade à laquelle participe le roi Louis IX en Égypte et en Syrie, régence de sa mère Blanche de Castille puis après la mort de celle-ci en novembre 1252, des princes Alphonse et Charles.

1249, 27 septembre : mort de Raymond VII, comte de Toulouse. Le comte de Poitiers, frère du roi Louis IX, hérite du comté.

1250-1270 : nombreuses fondations de bastides en Aquitaine.

v. 1250 : premières sessions judiciaires spécialisées de la Curia Regis, naissance du Parlement. – Croisade des pastoureaux vers la Terre sainte. Fin des grands défrichements dans les campagnes.

1252-1259 puis **1269-1272** : enseignement de saint Thomas d'Aquin à l'université de Paris.

1254-1256 : premières grandes ordonnances de réformes administratives.

1257 : Robert de Sorbon fonde un collège à Paris, la "Sorbonne".

1258

– 11 mai : traité de Corbeil avec l'Aragon, Louis IX renonce à la Catalogne. Jacques Ier renonce au Languedoc. Le prince héritier Philippe épouse Isabelle d'Aragon (1262).

– 28 mai : traité de Paris avec l'Angleterre, Henri III d'Angleterre devient vassal du roi de France. Louis IX renonce au Limousin, au Quercy et au Périgord (complété par le traité d'Amiens du 23 mai 1279).

– Ordonnance royale interdisant toute guerre privée et tout duel judiciaire.

1262 : ordonnances royales sur les villes..

1263, mars : ordonnance donnant cours à la monnaie du roi dans tout le royaume.

1265-1268 : Charles d'Anjou, frère du roi, nommé roi de Sicile par le pape, conquiert le royaume de Sicile et domine l'Italie.

1266 : ordonnance créant le "gros" tournois d'argent. – Émission d'une monnaie d'or : l'écu.

Le bûcher des hérétiques de Montségur.

1269 : ordonnance royale rendant obligatoire le port de la rouelle par les Juifs.

1 2 7 0

– 14 mars : départ de Louis IX pour la huitième croisade.

– 25 août : mort du roi Louis IX à Tunis. Avènement de son fils Philippe III le Hardi, sacré à Reims le 12 août 1271.

1271 : morts d'Alphonse de Poitiers et de Jeanne de Toulouse, le comté de Toulouse incorporé au domaine royal en octobre.

1272 : mort d'Henri III d'Angleterre, son successeur Édouard Ier rend hommage au roi de France Philippe III en 1273.

1273, 1er octobre : échec de la candidature du roi de France Philippe III à l'Empire.

1 2 7 4

– Mai : cession par Philippe III du Comtat Venaissin au pape.

– 21 août : remariage du roi Philippe III avec Marie de Brabant, après la mort de la reine Isabelle d'Aragon en 1271.

1278, juin : exécution de Pierre de la Brosse, conseiller du roi.

v. 1280 : extension des conflits entre petit peuple et oligarchie municipale au sein des villes autonomes du royaume.

1282, 30–31 mars : "Vêpres siciliennes", massacre des Français chassés de Sicile par Pierre III, roi d'Aragon. Charles d'Anjou conserve le royaume de Naples.

1283 : le pape Martin IV offre la couronne d'Aragon à Charles de Valois, fils de Philippe III le Hardi.

1 2 8 4

– Octobre : mariage du prince héritier Philippe et de Jeanne de Navarre–Champagne.

– Philippe III lance la croisade d'Aragon .

1 2 8 5

– 5 octobre : mort du roi Philippe III lors de la croisade d'Aragon, à Perpignan. Avènement de son fils Philippe IV le Bel, sacré le 6 janvier 1286.

– Philippe le Bel rattache la Champagne au domaine royal.

1290 : première dévaluation de la monnaie.

1291 : traité de Tarascon avec l'Aragon, la Sicile est attribuée à l'Aragon et le royaume de Naples à la maison d'Anjou.

1291–1296 : baillis et sénéchaux exclusivement chargés des affaires locales.

1292 : le roi Philippe le Bel prononce la saisie des biens des Lombards.

1292–1293 : mise en place d'une fiscalité royale extraordinaire pour faire face aux difficultés financières.

1294, 19 mai : Philippe le Bel prononce la saisie du duché d'Aquitaine, ouverture du conflit franco–anglais.

1295 : le roi enlève aux Templiers la garde de son trésor et le transfère au Louvre. – Grave crise monétaire : effondrement du système monétaire de Louis IX (surtout entre 1302 et 1306).

1296

– Février : début du conflit entre Philippe le Bel et le pape Boniface VIII à propos de la levée de décimes sur le clergé décidée par le roi.

– Formation d'une coalition contre le roi de France, menée par le roi d'Angleterre Édouard Ier.

– Conquête de la Guyenne par les Français.

1297

– Février : le pape accorde au roi le droit d'imposer le clergé en cas de nécessité urgente.

– 11 août : canonisation du roi Louis IX sous le nom de Saint Louis.

– 20 août : victoire française à Furnes sur les Allemands et les Flamands.

– 9 octobre : trêve de Vyre–saint–Bavon, fin de la guerre.

1299, 19 juin : traité de Montreuil–sur–mer entre Philippe le Bel et Édouard Ier d'Angleterre. Isabelle, fille du roi de France, est fiancée au futur roi d'Angleterre, Édouard.

1300, janvier : les Français occupent la Flandre.

ap. 1300 : déclin des foires de Champagne, qui ont rayonné sur tout l'Occident au XIIIè siècle.

1301

– Juillet–octobre : Philippe le Bel fait arrêter et juger l'évêque de Pamiers, Bernard Saisset, coupable de complot contre l'autorité royale, reprise du conflit avec le pape.

– 5 décembre : bulle papale *Ausculta, fili,* rappelant la supériorité des juridictions ecclésiastiques.

– Traité de Bruges : annexion du Barrois par le roi de France.

1302

– 10 avril : le roi réunit une assemblée des prélats, barons et notables pour obtenir son soutien contre le pape.

– 18 mai : révolte de la Flandre, "matines de Bruges", massacre des Français par la population.

– 8 juillet : défaite française à Courtrai face aux Flamands révoltés.

– 18 novembre : bulle papale *Unam sanctam*, Boniface VIII affirme sa supériorité dans tous les domaines.

1303

– Février : nouvelle réunion des notables par le roi (également en juin).

– 18 mars : première des grandes ordonnances de réformation du royaume.

– 20 mai : traité de Paris, restitution de la Guyenne au roi d'Angleterre.

– 11 octobre : mort du pape Boniface VIII après "l'attentat d'Anagni".

– Le roi rétablit son trésor au Temple avec ses propres trésoriers.

v. 1303 : naissance de la Chambre des comptes.

1304, 18 août : victoire de Philippe le Bel sur les Flamands à Mons–en–Pévèle.

1305

– 5 juin : élection à la papauté de Clément V, qui s'installe en Avignon en 1309. Début de la papauté d'Avignon.

– 24 juin : traité d'Athis–sur–Orge avec le comte de Flandre, Philippe le Bel lui impose des conditions très dures.

1306
– Janvier : révolte à Paris après la réévaluation de la monnaie.
– 22 juillet : expulsion des Juifs hors du royaume et confiscation de leurs biens.

1307
– 13 octobre : arrestation de tous les Templiers du royaume et confiscation de leurs biens. Ils seront exécutés en mai 1310.
– Ordonnance fixant les modalités de fonctionnement du Parlement.

1308
– Mai : le roi réunit une assemblée de notables à Tours.
– Mariage d'Édouard II d'Angleterre et d'Isabelle de France, fille du roi Philippe le Bel.

1309 : nouvelle dévaluation de la monnaie.

1312
– 3 avril : suppression de l'ordre du Temple par le pape Clément V.
– 12 avril : annexion au domaine royal de Lyon par Philippe le Bel.

1313 : tentative de réévaluation de la monnaie.

1314
– 18 mars : exécution du grand maître de l'ordre du Temple, J. de Molay.
– 20 avril : mort du pape Clément V.
– Avril : affaire des belles–filles du roi, condamnées pour adultère.
– Août : nouvelle intervention militaire française en Flandre.
– 29 novembre : mort du roi Philippe IV le Bel. Avènement de son fils Louis X le Hutin, sacré le 24 août 1315.
– Novembre : réaction féodale et constitution de ligues nobiliaires provinciales (jusqu'en 1315).

1315 : mort de la reine Marguerite de Bourgogne, que le roi avait répudiée et fait étrangler en prison. Louis X épouse Clémence de Hongrie. – Institution de la gabelle, impôt sur le sel.

v. 1315 : prudent retour des Juifs dans le royaume.

1315–1317 : grave crise économique, famine.

1316
– 5 juin : mort du roi Louis X le Hutin. La reine étant enceinte, la régence est assuré par Philippe, frère du roi, en attendant la naissance d'un héritier.
– 7 août : élection du pape Jean XXII en Avignon.
– 15 novembre : naissance d'un fils posthume de Louis X, proclamé roi sous le nom de Jean Ier, mais qui meurt au bout de cinq jours.
– 20 novembre : avènement de Philippe V le Long, son oncle, sacré le 9 janvier 1317.
– Le roi donne au Parlement son statut définitif.

1317, février : une assemblée des Grands adopte le principe qu'une femme ne peut monter sur le trône de France.

1318 , 18 juillet : ordonnance de Pontoise réorganisant le conseil du roi.

1320

– Janvier : ordonnance de Vivier–en–Brie, statut définitif de la Chambre des comptes.

1320–1322 : révolte des pastoureaux, qui massacrent des Juifs.

1322

– 3 janvier : mort du roi Philippe V le Long, sans héritier mâle. Avènement de son frère, Charles IV le Bel, dernier fils de Philippe le Bel, sacré le 11 février.

– Nouvelle expulsion des Juifs.

1323 : soulèvement en Flandre.

1326, 19 avril : traité d'Arques avec la Flandre.

1328

– 1er février : mort du roi Charles IV le Bel, sans héritier mâle. Fin de la branche des Capétiens directs. Avènement de Philippe VI de Valois, neveu du roi Philippe IV le Bel, sacré le 29 mai à Reims.

– 23 août : victoire du roi à Cassel sur les Flamands après une nouvelle révolte de la Flandre.

v. 1328 : état des paroisses et des feux dans le royaume.

ap. 1328 : nouvelles crises monétaires.

1329, 6 juin : Édouard III d'Angleterre fait hommage au roi de France pour la Guyenne.

1334, décembre : mort du pape Jean XXII et élection du pape Benoît XII en Avignon.

1337

– 24 mai : le roi Philippe VI confisque le duché de Guyenne au roi d'Angleterre.

– 7 octobre : Édouard III d'Angleterre revendique la couronne de France (il est le petit–fils de Philippe IV le Bel par sa mère Isabelle), début de la guerre de Cent ans.

ap. 1337 : renforcement de la fiscalité royale pour la conduite de la guerre. Apparition d'une économie de guerre. Série de manipulations monétaires.

ap. 1338 : nombreux massacres de Juifs.

1339 : débarquement d'Édouard III en France.

1340

– 24 juin : bataille de l'Écluse : destruction de la flotte française.

– 25 septembre : trêve d'Esplechin–sur–Escaut entre Français et Anglais.

1341 : ordonnance royale étendant la gabelle à tout le royaume.

1342, avril–mai : mort du pape Benoît XII et élection du pape Clément VI en Avignon.

1343, août : première réunion des États généraux à Paris par le roi Philippe VI, qui veut lever des impôts.

1344, décembre : ordonnance reconnaissant au Parlement le droit de présenter des remontrances.

1345, avril : rupture de la trêve, conquêtes anglaises dans l'ouest de la France.

1346

– Février–mars : tenue des États de la langue d'oïl à Paris et des États de la langue d'oc à Toulouse.

– Juillet : Édouard III débarque en France.

– 26 août : déroute de l'armée française à Crécy face aux Anglais.

1347

– Avril : concertation fiscale entre la royauté et les assemblées locales des trois ordres.

– 4 août : prise de Calais par Édouard III d'Angleterre.

– Septembre : trêve générale conclue pour un an. Nouvelle trêve en 1351.

– Novembre : réunion des États généraux à Paris.

1348, 9 juin : achat de la ville d'Avignon par la papauté.

1348–1349 : grande épidémie de peste noire dans tout le pays.

1349

– 30 mars : cession du Dauphiné à la France.

– Avril : le roi Philippe VI achète la seigneurie de Montpellier au roi de Majorque.

1350, 22 août : mort du roi Philippe VI de Valois. Avènement de son fils Jean II le Bon, sacré le 26 septembre.

1351, 16 février : réunion des États à Paris, vote de subsides réclamés par le roi Jean le Bon.

1352, décembre : mort du pape Clément VI. Élection du pape Innocent VI en Avignon.

1353 : mariage de Charles le Mauvais, roi de Navarre, et de Jeanne, fille du roi de France.

1354

– 8 janvier : assassinat du connétable Charles d'Espagne par le roi de Navarre, Charles le Mauvais.

– 22 février : traité de Mantes avec Charles de Navarre.

1355

– 10 septembre : traité de Valognes avec Charles de Navarre.

– Octobre : reprise de la guerre avec l'Angleterre, chevauchées du Prince noir, fils d'Édouard III d'Angleterre, dans le sud–ouest puis dans l'ouest en 1356.

– Novembre : réunion des États de langue d'oïl à Paris pour le vote de nouveaux impôts pour financer la guerre. Une ordonnance de décembre organise la levée d'un subside.

1356

– Mars : réunion des États à Paris.

– 5 avril : Jean II le bon fait prisonnier Charles le Mauvais, roi de Navarre.

– 19 septembre : bataille de Poitiers. Le roi de France Jean II le Bon est fait prisonnier par les Anglais. Le gouvernement est confié à son fils héritier Charles durant sa captivité.

– 17 octobre–3 novembre : réunion des États de langue d'oïl à Paris, ils essayent d'imposer au régent une monarchie parlementaire.

1 3 5 7

– Février : réunion des États généraux, ils imposent au dauphin Charles la Grande ordonnance prévoyant le contrôle des subsides par eux (mars). Nouvelle réunion en novembre.

– 3 mars : trêve conclue à Bordeaux entre Français et Anglais.

– 9 novembre : évasion du roi de Navarre, Charles le Mauvais.

1 3 5 8

– Janvier : premier traité de Londres, signé par Jean II le Bon pour sa libération.

– Février–juillet : révolte et défaite d'Étienne Marcel, prévôt des marchands, à Paris.

– Février–mai : nouvelles réunions des États généraux à Paris et Compiègne.

– Mai–juin : insurrection paysanne, la Jacquerie, dans le Beauvaisis.

– 2 août : le dauphin Charles fait son retour à Paris.

1 3 5 9

– 24 mars : deuxième traité de Londres, qui accorde la moitié de la France et une forte rançon aux Anglais pour la libération du roi. Les États de la langue d'oïl le repoussent, reprise de la guerre.

– Octobre : chevauchées d'Édouard III dans le nord de la France.

1 3 6 0

– 8 mai : préliminaires de Brétigny avec les Anglais.

– 24 octobre : traité de Calais, le roi Jean II le Bon est libéré moyennant une rançon et la livraison d'otages.

– 5 décembre : émission d'une nouvelle monnaie d'or, le "franc à cheval".

1 3 6 1

– Mars : le régent Charles autorise la réinstallation des Juifs dans le royaume.

– Octobre : des compagnies de mercenaires (les routiers) ravagent le midi.

1 3 6 2

– 6 avril : les routiers battent une armée royale à Brignais.

– Septembre : mort du pape Innocent VI. Urbain V élu pape en Avignon.

1363, décembre : réunion des États généraux à Amiens.

1 3 6 4

– Janvier : le roi Jean II le Bon retourne à Londres se constituer prisonnier après l'évasion d'un des otages pris en garantie pour sa libération en 1360. Son fils Charles à nouveau régent.

– 8 avril : mort du roi Jean II le bon à Londres. Avènement de son fils Charles V le sage, sacré le 19 mai.

– 16 mai : bataille de Cocherel remportée par Du Guesclin sur Charles le Mauvais.

1 3 6 5

– Mars : traité d'Avignon entre Charles V et le roi de Navarre, renforcé au traité de Vernon de mars 1371.

– 22 avril : émission d'une nouvelle monnaie d'or, le "franc à pied".

1366 : Charles V expédie les compagnies de routiers en Castille.

1367

– 3 avril : Du Guesclin est fait prisonnier par les Anglo–Castillans à Najera.

– 19 juillet : ordonnance sur la mise en défense des villes.

1369

– 13 juin : mariage de Philippe le Hardi, duc de Bourgogne, frère du roi Charles V, et de l'héritière de Flandre.

– Juin : reprise de la guerre franco–anglaise. Les Français reconquièrent le Rouergue, le Quercy et le Périgord.

– 30 novembre : confiscation de l'Aquitaine aux Anglais par le roi Charles V.

– 29 décembre : ordonnance fixant la gestion de la fiscalité royale.

– décembre : réunion des États généraux à Paris, vote de nouveaux subsides.

1370

– Juillet–décembre : chevauchées dévastatrices des Anglais dans le nord de la France. Prise de Limoges par le Prince noir en septembre.

– octobre : Du Guesclin fait connétable par le roi de France.

– 19 décembre : mort du pape Urbain V. Grégoire XI élu pape en Avignon.

– décembre : victoire de Du Guesclin sur les Anglais près du Mans.

1372, 19 juillet : alliance du duc de Bretagne et d'Édouard III d'Angleterre.

1372–1373 : le roi Charles V et Du Guesclin se rendent maîtres de la plupart des possessions anglaises Limousin, Poitou, Aunis et Saintonge.

1373–1374 : ordonnances royales organisant les compagnies dans l'armée.

1373–1375 : grandes disettes et retour de la peste.

1374, août : ordonnance sur la majorité des rois de France.

1375, 1er juillet : trêve de Bruges entre la France et l'Angleterre. Les Anglais ne possèdent plus en France que la Guyenne et Calais.

1375–1390 : le pays est ravagé par les chevauchées anglaises et les combats et l'économie rurale s'effondre.

1376, 8 juin : mort du Prince noir.

1377

– 17 janvier : le pape Grégoire XI ramène la papauté à Rome.

– 21 juin : mort du roi d'Angleterre Édouard III. Richard II lui succède. Reprise des hostilités avec la France.

1378

– 27 mars : mort du pape Grégoire XI.

– Avril–septembre : élection de deux papes à Rome, début du Grand schisme. Clément VII s'installe en Avignon puis Benoît XIII (1394–1417).

– 18 décembre : le roi Charles V confisque la Bretagne au duc Jean IV, allié des Anglais.

1379, 3 août : débarquement en France des Anglais et du duc de Bretagne Jean IV.

1380

– 13 juillet : mort de Du Guesclin.

– 16 septembre : ordonnance royale supprimant les fouages, impôts directs. Mort du roi Charles V le Sage. Avènement de son fils Charles VI le Fou, sacré le 4 novembre. Régence de ses oncles.

– 16 novembre : abolition de tous les impôts directs.

1380–1383 : nombreuses révoltes antifiscales, les maillotins à Paris, la Hérelle à Rouen, les tuchins en Languedoc, Philippe Van Artevelde en Flandre (tué à la bataille de Rosebeke en 1382).

1381, 4 avril : second traité de Guérande, rétablissement du duc de Bretagne, Jean IV.

1383, janvier : le roi supprime les libertés municipales de Paris.

1384

– Janvier : Philippe le Hardi, duc de Bourgogne et comte de Flandre, début de l'État bourguignon.

– 14 septembre : trêves de Leulinghem entre la France et l'Angleterre.

1385

– Avril : création de "l'écu à la couronne", monnaie d'or.

– 17 juillet : mariage du roi Charles VI et d'Isabeau de Bavière.

1386, octobre : le roi de France renonce à un projet d'invasion de l'Angleterre.

1388, 3 novembre : après le renvoi de ses oncles, début du règne personnel du roi Charles VI, gouvernement des marmousets.

1389, série d'ordonnaces de réforme.

– 18 juin : nouvelle trêve entre Charles VI et Richard II.

1392, août : début de la folie du roi Charles VI. Début du gouvernement des ducs (Orléans contre Bourgogne) après le renvoi des marmousets.

1393, 28 janvier : le roi Charles VI échappe à la mort lors du "bal des ardents".

1394, 17 septembre : dernière ordonnance d'expulsion générale des Juifs.

1396, 27 octobre : entente entre Charles VI et le roi d'Angleterre Richard II, signature d'une trêve de 28 ans, mariage de la fille de Charles VI, Isabelle avec Richard II. Trêve confirmée en 1400 et 1403.

1399, 30 septembre : Richard II d'Angleterre est renversé. Henri IV nouveau roi d'Angleterre.

1404

– Janvier : la France reprend les hostilités contre l'Angleterre. Défaites en 1405, 1406.

– 27 avril : mort de Philippe le Hardi, duc de Bourgogne. Jean sans Peur lui succède.

1406–1407 : l'Église de France revendique le rétablissement de ses anciennes libertés sous l'égide du roi, ordonnances royales en 1407.

1407, 23 novembre : assassinat du duc d'Orléans par Jean sans Peur.

Début de la guerre civile entre Armagnacs et Bourguignons.

1409, 9 mars : paix de Chartres entre les deux factions rivales.

1 4 1 0

– 15 avril : naissance du parti armagnac (ligue de Gien).

– 2 novembre : paix de Bicêtre entre les princes.

1412, 18 mai : traité d'alliance entre les Armagnacs et Henri IV d'Angleterre.

– 22 août : paix d'Auxerre entre Armagnacs et Bourguignons.

1 4 1 3

– 30 janvier–14 février : réunion des États généraux à Paris.

– Mars : Henri V nouveau roi d'Angleterre, réclame la couronne de France.

– Avril–mai : émeutes "cabochiennes" à Paris.

– 28 juillet : paix de Pontoise entre Armagnacs et Bourguignons.

– Août–septembre : les Armagnacs chassent les Bourguignons de Paris.

1415, 23 février : paix d'Arras entre Armagnacs et Bourguignons.

– Août : reprise de la guerre franco–anglaise, capitulation à Harfleur le 22 septembre et désastre français à Azincourt le 25 octobre.

1 4 1 7

– Avril : Charles, quatrième fils du roi, devient le dauphin. Les Armagnacs soutiennent sa cause.

– 1er août : début de la conquête de la Normandie par Henri V (jusqu'en 1419).

– 11 novembre : fin du Grand schisme et réunification de l'Église chrétienne.

1418, 29 mai : les Bourguignons maîtres de Paris, massacre des Armagnacs, fuite du dauphin Charles à Bourges, qui se proclame régent (26 décembre).

1 4 1 9

– 19 janvier : les Anglais s'emparent de Rouen.

– 11 juillet : accord de Pouilly–le–Fort entre le dauphin Charles et Jean sans Peur, duc de Bourgogne.

– 10 septembre : assassinat de Jean sans Peur, Philippe le Bon lui succède. Relance de la guerre civile.

– 2 décembre : conclusion d'une alliance entre le duc de Bourgogne et le roi d'Angleterre.

1420, 21 mai : traité de Troyes entre Charles VI et Philippe le Bon d'une part et Henri V d'Angleterre d'autre part; celui-ci épouse Catherine, la fille du roi de France et devient l'héritier du trône de France. Le dauphin Charles est déshérité.

1421, 22 mars : victoire du dauphin Charles sur les Anglais à Baugé.

1 4 2 2

– 31 août : mort d'Henri V d'Angleterre. Henri VI lui succède.

– 21 octobre : mort du roi de France Charles VI le Fou. Avènement de son fils Charles VII, surnommé "le roi de Bourges", alors qu'Henri VI d'Angleterre se proclame roi de France et se fait sacrer à Paris en décembre 1431.

– Fréquentes réunions des États pour le vote de subsides pour la guerre (jusqu'en 1439).

1423, 30 juillet : victoire anglo–bourguignonne à Cravant sur Charles VII.

1424, 17 août : nouvelle défaite de Charles VII à Verneuil.

1428, octobre : début du siège d'Orléans par les Anglo–Bourguignons.

1429

– Mars : intervention de Jeanne d'Arc, elle rencontre Charles VII à Chinon.

– 8 mai : Jeanne d'Arc lève le siège d'Orléans.

– 18 juin : victoire de Jeanne d'Arc sur les Anglais à Patay.

– 17 juillet : Charles VII est sacré à Reims.

– 8 septembre : Jeanne d'Arc échoue devant Paris.

1430, mai : Jeanne d'Arc, faite prisonnière, est livrée aux Anglais.

1431

– 30 mai : mort de Jeanne d'Arc, brûlée après sa condamnation.

– Décembre : trêve de six ans entre Charles VII et Philippe le Bon, duc de Bourgogne.

1435, 21 septembre : paix d'Arras, réconciliation entre le roi de France et le duc de Bourgogne

1436, 28 janvier : émission d'une nouvelle monnaie d'or fin, "l'écu neuf".

– 13 avril : reprise de Paris par les troupes du roi Charles VII.

1437, 12 novembre : le roi Charles VII entre à Paris.

1438, 7 juillet : promulgation de la Pragmatique sanction de Bourges par le roi Charles VII, première affirmation du gallicanisme.

1438–1439 : nouvelle épidémie de peste dans le royaume (également en 1481–1482).

1439

– 2 novembre : réunion des États à Orléans, la taille devient permanente pour l'entretien d'une armée.

– Jacques Cœur devient argentier du roi, puis conseiller du roi en 1442.

1440, février–juillet : la "praguerie", révolte des princes contre l'autorité royale (traité de Cusset).

v. 1440–1470 : amorce de la reconstruction rurale et retour progressif de la prospérité.

1441, septembre : le roi Charles VII libère l'Ile–de–France.

1442, mars : complot des princes à Nevers.

1444, 28 mai : conclusion de la trêve de Tours entre la France et l'Angleterre pour cinq ans.

1445, ordonnance de Louppy–le–Châtel créant des compagnies d'ordonnance, permanence de l'armée de métier.

1447, Janvier : le prince héritier Louis est exilé en Dauphiné (jusqu'en août 1456).

1448, 16 mars : reprise du Mans aux Anglais.

Jeanne d'Arc devant les bastides anglaises.

1449

– Mars : rupture de la trêve franco–anglaise.

– 29 octobre : prise de Rouen par les Français.

1450

– 15 avril : victoire française à Formigny sur les Anglais.

– Juillet–août : reprise de Caen, puis de Cherbourg aux Anglais.

1451

– 9 mars : mariage du dauphin Louis et de Charlotte de Savoie.

– 31 juillet : arrestation de Jacques Cœur sur ordre du roi.

– Succès militaires français en Guyenne et Gascogne (prise de Bordeaux le 30 juin).

1452, 23 octobre : reprise de Bordeaux par les Anglais.

1453

– 29 mai : condamnation de Jacques Cœur.

– 17 juillet : victoire française de Castillon–la–Bataille, puis reprise de Bordeaux le 19 octobre. Fin de la guerre de Cent ans. Les Anglais ne possèdent plus en France que Calais.

1454, 15 avril : ordonnance de Montils–lès–Tours, obligeant à la ré-daction des usages coutumiers.

1456, août : le prince héritier Louis se réfugie auprès du duc de Bour-gogne aux Pays–Bas.

1457, août : incorporation du Dauphiné au domaine royal.

1461

– 22 juillet : mort du roi Charles VII. Avènement de son fils Louis XI, sacré le 15 août.

– 27 novembre : abrogation de la Pragmatique sanction de Bourges par le roi Louis XI.

1462, 9 mai : traité de Bayonne entre Louis XI et Jean II d'Aragon, cession à la France du Roussillon et de la Cerdagne.

1463 : le roi Louis XI rachète au duc de Bourgogne les villes de la Somme.

1464, 18 décembre : assemblée des bonnes villes à Tours.

1465, mars : révolte de la noblesse contre l'autorité royale, guerre de la ligue du Bien public. Victoire du roi à Montlhéry (juillet) et traités de Conflans (octobre) et de Saint–Maur (octobre) par lesquels le roi resti-tue au duc de Bourgogne, les villes de la Somme.

1467, 15 juin : mort du duc de Bourgogne, Philippe le Bon. Charles le Téméraire lui succède.

1468, avril : réunion des États généraux à Tours.

– Juillet : nouvelle alliance anglo–bourguignonne.

– 10 septembre : paix d'Ancenis avec le duc de Bretagne.

– 9–15 octobre : entrevue et traité de Péronne entre le roi Louis XI et Charles le Téméraire, Louis XI se soumet aux pressions du duc de Bour-gogne.

1470, novembre : États généraux de Tours qui annule les accords de Pé-ronne. Louis XI occupe la Picardie.

1471 : nouvelle coalition des princes contre le roi Louis XI.

1472, juin–juillet : siège de Beauvais par Charles le Téméraire (Jeanne Hachette).

– 31 octobre : concordat d'Amboise entre le roi Louis XI et le pape Sixte IV.

1475, 29 août : traité de Picquigny entre Édouard IV, roi d'Angleterre et Louis XI.

– Septembre : trêve de Soleuvre entre Louis XI et Charles le Téméraire et paix de Senlis entre Louis XI et le duc de Bretagne.

– Octobre–novembre : Charles le Téméraire conquiert la Lorraine (prise de Nancy le 17 novembre).

– Novembre : émission d'une nouvelle monnaie d'or, "l'écu au soleil".

1476 : défaites de Charles le Téméraire à Grandson et Morat.

1477

– 5 janvier : bataille de Nancy, mort de Charles le Téméraire.

– 19 août : mariage de Marie de Bourgogne et de Maximilien d'Autriche.

– Louis XI occupe la Bourgogne, la Picardie et l'Artois.

1479, 7 août : défaite du roi Louis XI à Guinegatte face à Maximilien d'Autriche, gendre de Charles le Téméraire.

1480–1481 : réunion au domaine royal des comtés d'Anjou et du Maine, et de la Provence, après la mort du roi René.

1482, 23 décembre : traité d'Arras avec Maximilien d'Autriche, qui abandonne au roi de France la Picardie et la Bourgogne.

1483, 30 août : mort du roi Louis XI. Avènement de son fils Charles VIII, sacré le 29 mai 1484. Régence des Beaujeu.

1484, 15 janvier : réunion des États généraux à Tours.

– 23 novembre : alliance des ducs d'Orléans et de Bretagne contre les Beaujeu.

1485 : révolte féodale, la "guerre folle", ligue des princes contre les régents (paix de Bourges le 2 novembre).

1486

– Juin : Maximilien d'Autriche attaque le nord du royaume.

– Décembre : accord entre Maximilien d'Autriche et Louis d'Orléans.

1488, 28 juillet : bataille de Saint–Aubin–du–Cormier, victoire des troupes royales sur le duc de Bretagne puis traité du Verger (20 août).

1491

– 20 mars : prise de Nantes par les Français.

– 15 novembre : traité de Rennes.

– 6 décembre : mariage de Charles VIII et d'Anne de Bretagne.

1492, Mai : alliance entre Charles VIII et Ludovic Sforza, duc de Milan contre le roi de Naples.

– 12 octobre : découverte de l'Amérique par Christophe Colomb.

– 3 novembre : traité d'Etaples entre Charles VIII et Henri VII, roi d'Angleterre.

1493, 19 janvier : traité de Barcelone entre Charles VIII et Ferdinand d'Aragon, la Cerdagne et le Roussillon sont rendus à l'Aragon.

– 23 mai : traité de Senlis entre Charles VIII et Maximilien d'Autriche, le roi de France lui cède l'Artois et la Franche–Comté.

LA PÉRIODE MODERNE

1494
– 13 mars : Charles VIII prend le titre de roi de Naples.
– Juillet–décembre : début des guerres d'Italie. Charles VIII prend Rome.
1495, 22 février : prise de Naples par Charles VIII. Victoire de Fornoue le 6 juillet.
– Octobre : Charles VIII rentre en France.
1496–1497 : les Français perdent tout le royaume de Naples.
1497, 2 août : édit réglementant l'organisation du Grand conseil, juridiction souveraine.
1498
– 7 avril : mort du roi Charles VIII. Avènement de Louis XII, duc d'Orléans, son cousin.
– 17 juillet : Louis XII organise définitivement le Grand conseil.
1499
– Janvier : le roi Louis XII se marie avec Anne de Bretagne.
– Mars : ordonnance de Blois visant à améliorer le fonctionnement de la justice.
– Juillet : reprise des guerres d'Italie, conquête du Milanais par Louis XII.
1500, 10 avril : victoire de Louis XII à Novare, sur Ludovic Sforza, duc de Milan.
1501–1504 : les Français reprennent le royaume de Naples puis en sont définitivement chassés.
1504, 22 septembre : traités de Blois entre Louis XII et Maximilien d'Autriche prévoyant le mariage de Claude de France, fille du roi et de Charles de Habsbourg et reconnaissant la possession du Milanais par la France.
1505, mai : le roi Louis XII revient sur ses décisions et décide le futur mariage de Claude de France et François d'Angoulême, héritier présomptif du trône.
1506, mai : le roi Louis XII convoque à Plessis–lès–Tours une assemblée de notables qui annule le projet de mariage de Claude de France et de Charles de Habsbourg et prévoit son mariage avec François d'An-

goulême.

1508, 11 novembre : ordonnance royale visant à éviter les abus commis dans la perception des impôts.

1509, janvier : promulgation d'une ordonnance sur l'organisation militaire du royaume.

– 14 mai : victoire de Louis XII à Agnadel sur les Vénitiens.

1511, 5 octobre : fondation de la Sainte Ligue contre la France, à l'instigation du pape Jules II.

1512, 11 avril : victoire française à Ravenne, sur l'armée de la Sainte Ligue mais Louis XII perd le Milanais en mai–juin.

1 5 1 3

– Mai : nouvelle campagne d'Italie, défaite à Novare (5 juin), les Français sont chassés d'Italie.

– 16 août : défaite française face à Henri VIII à Guinegatte.

– Novembre–décembre : accords entre Louis XII et Ferdinand d'Aragon et entre Louis XII et le pape Léon X, fin des guerres d'Italie. La France renonce au Milanais.

1 5 1 4

– janvier – mars : invasion de la France par les Anglais et les Suisses

– 9 janvier : mort de la reine Anne.

– 18 mai : mariage de Claude de France et de François d'Angoulême.

– 7 août : Louis XII rétablit la paix au traité de Londres. Le roi se remarie avec Marie d'Angleterre, sœur du roi Henri VIII. (7 octobre).

1 5 1 5

– 1er janvier : mort du roi Louis XII. Avènement de François Ier, sacré à Reims le 25 janvier.

– Août : reprise des guerres d'Italie pour reconquérir le Milanais, victoire de Marignan (14 septembre), occupation de Milan.

– Décembre : Léonard de Vinci en France.

1 5 1 6

– 13 août : traité de Noyon avec Charles d'Espagne. François Ier garde le Milanais mais renonce au royaume de Naples.

– 29 novembre : signature de la paix "perpétuelle" entre la France et les cantons suisses.

– Décembre : concordat de Bologne entre François Ier et le pape Léon X, le roi peut nommer évêques et abbés (enregistré par le Parlement le 22 mars 1518).

1517, 11 mars : traité de Cambrai entre François Ier, l'empereur allemand Maximilien et Charles, roi d'Espagne.

1519, 28 juin : Charles d'Espagne est élu empereur d'Allemagne contre François Ier, devenant ainsi Charles Quint.

1520, juin : camp du "Drap d'or, entrevue entre François Ier et Henri VIII d'Angleterre.

1521, mars : début de la première guerre entre François Ier et Charles Quint.

– 24 novembre : alliance entre Charles Quint et Henri VIII d'Angleterre.

Mort de Bayard.

1522

– 27 avril : défaite française de La Bicoque, perte du Milanais.

– Lancement du premier emprunt royal, création des rentes de l'Hôtel de ville de Paris. (Nouveaux emprunts en 1536 et 1537).

– François Ier officialise le système de la vénalité des charges.

1522–1523 : tentatives d'invasions de la France par les Espagnols au sud, les Impériaux à l'est et les Anglais en Picardie.

1523

– Juillet–octobre : trahison du duc Charles de Bourbon, connétable de France (premier officier de la couronne), au profit de Charles Quint.

– Décembre : institution d'un trésorier de l'épargne chargé de contrôler les dépenses et les recettes.

1524

– 30 avril : défaite française à la Sesia (mort de Bayard).

– Juillet : invasion de la Provence par le connétable de Bourbon et siège de Marseille.

– Octobre : reconquête du Milanais par François Ier.

1525, 24 février : défaite française à Pavie face aux Impériaux. François Ier est fait prisonnier (à Madrid d'août 1525 à février 1526). Sa mère Louise de Savoie régente.

1526

– 14 janvier : traité de Madrid, François Ier renonce à toutes ses prétentions en Italie et abandonne la Bourgogne.

– 17 mars : libération du roi François Ier.

– 22 mai : François Ier forme la Ligue de Cognac contre l'empereur d'Allemagne.

– Juin : les États de Bourgogne refusent de ratifier le traité de Madrid.

1527

– Invasion de l'Italie par Charles Quint. Prise et sac de Rome par les Impériaux (6 mai). Deuxième guerre contre Charles Quint : nouvelle intervention française dans la péninsule (prise du Milanais mais échec devant Naples).

– 24 juillet : "lit de justice", François Ier affirme son autorité face au Parlement de Paris.

– Décembre : une assemblée des notables réunie à Paris annule la cession de la Bourgogne à Charles Quint.

– Ordonnance royale instituant deux contrôleurs généraux de l'épargne.

1529

– 25 avril : émeute à Lyon contre la hausse du prix du blé, la "grande rebeyne".

– 21 juin : défaite française à Landriano face aux Impériaux.

– 3 août : paix des Dames, François Ier renonce à l'Italie, à la Flandre et à l'Artois, Charles Quint renonce à la Bourgogne.

1530

– Mars : création du Collège royal, ancêtre du Collège de France, par le roi François Ier.

– 7 juillet : mariage du roi François Ier et de Éléonore d'Autriche, sœur de l'empereur d'Allemagne.

1532

– Août : rattachement de la Bretagne à la France.

– Octobre : alliance franco–anglaise (traité de Boulogne).

1533

– 28 octobre : mariage du dauphin Henri et de Catherine de Médicis.

– Adhésion de Calvin à la Réforme.

1534

– 24 juillet : édit royal créant une nouvelle organisation militaire.

– Octobre : affaire des "placards", des feuillets d'inspiration luthérienne sont affichés dans plusieurs villes où réside la Cour.

– Jacques Cartier au Canada.

1535

– Janvier : vague de répression contre les réformés.

– 16 juillet : édit de Coucy suspendant la répression contre les réformés.

– Alliance de François Ier avec Soliman le Magnifique, sultan ottoman.

– Première Bible protestante en France.

1536, juin : début de la troisième guerre entre François Ier et Charles Quint. Opérations en Provence et en Picardie (en 1536–1537).

1538, 14 juillet : trêve de Nice entre François Ier et Charles Quint pour dix ans.

1539, 30 août : ordonnance de Villers–Cotterêts, réorganisation de la justice, obligation pour les prêtres de tenir des registres de baptêmes et de sépultures, institution du français comme langue officielle pour tous les actes juridiques.

1539–1541, édits contre les hérétiques, accentuant la répression.

1542

– Juillet : début de la quatrième guerre entre François Ier et Charles Quint.

– Décembre : division de la France en 16 généralités pour la collecte des impôts.

1543, février : alliance entre Charles Quint et Henri VIII contre François Ier.

1544

– 14 avril : victoire française de Cérisoles. Invasion de la Champagne par les Impériaux. Siège de Boulogne par les Anglais.

– 18 septembre : traité de Crépy–en–Laonnais, fin des combats entre François Ier et Charles Quint.

1545, avril : massacre des Vaudois de Provence.

– 13 décembre : ouverture du Concile de Trente (jusqu'en 1563), début de la contre–réforme.

1546, 7 juin : traité d'Ardres avec Henri VIII.

1547

– 31 mars : mort de François Ier. Avènement de son fils Henri II, sacré à Reims le 25 juillet.

– 8 octobre :"chambre ardente" constituée au Parlement pour réprimer l'hérésie luthérienne (persécution terrible de 1547 à 1549).

– Henri II crée les secrétaires d'État.

1548, juillet–août : révolte des paysans de Guyenne contre la gabelle (en juin 1549, Henri II supprime la gabelle dans ces régions).

1550, mars : traité avec l'Angleterre pour la restitution de Boulogne.

1551, 27 juin : édit de Châteaubriant sur la répression de l'hérésie en France.

1552, janvier : édit de Fontainebleau, création des présidiaux, tribunaux intermédiaires, par Henri II.

– Février : reprise de la guerre contre Charles Quint.

– Avril : occupation des trois évêchés, Metz, Toul et Verdun par Henri II. Siège infructueux de Metz par Charles Quint (octobre–décembre).

1553 : ordonnance royale décidant que les maîtres des requêtes visiteront chaque année les provinces (ancêtres des intendants).

1553–1554 : opérations militaires entre Henri II et Charles Quint dans le nord de la France et intervention française en Italie.

1 5 5 5

– Avril : capitulation des Français à Sienne face aux Impériaux.

– Institution du "grand parti", regroupement de toutes les dettes royales dans un contrat global.

1 5 5 6

– 5 février : trêve de Vaucelles entre Henri II et Charles Quint pour cinq ans.

– Création du groupe de la Pléiade.

1 5 5 7

– Mai : reprise de la guerre en Italie : intervention française.

– 7 juin : Philippe II, roi d'Espagne, déclare la guerre à la France.

– 24 juillet : édit de Compiègne instituant une répression plus forte contre les protestants.

– 10 août : défaite de Saint–Quentin face aux Espagnols.

– Septembre : assemblée de protestants rue Saint–Jacques à Paris.

1 5 5 8

– 6 janvier : prise de Calais par les Français.

– Janvier : Henri II réunit les États généraux pour le vote d'une contribution.

– 24 avril : mariage du dauphin François et de Marie Stuart, reine d'Écosse.

– Faillite du système du "grand parti", traduction de l'aggravation de la situation financière.

1 5 5 9

– 3 avril : traité de Cateau–Cambrésis entre la France, l'Angleterre et l'Espagne, fin des guerres d'Italie. La France perd la Bresse, le Bugey, le Valroney, la Savoie et la Corse mais conserve les trois évêchés.

– Mai : premier synode national des églises réformées à Paris.

– 2 juin : édit d'Ecouen, tout protestant révolté ou en fuite sera abattu.

– 10 juillet : mort du roi Henri II. Avènement de son fils François II, sacré le 18 septembre. Influence prépondérante des Guise, oncles de sa femme Marie Stuart.

1560

– Mars : conjuration d'Amboise, les protestants essaient de s'emparer du roi. Répression des conjurés par les Guise.

– Mai : édit de Romorantin accordant la liberté de conscience aux protestants.

– 5 décembre : mort du roi François II. Avènement de son frère Charles IX. Régence de sa mère, Catherine de Médicis. Michel de l'Hospital chancelier.

1560–1561 : États généraux d'Orléans puis de Pontoise.

1561, septembre : colloque de Poissy pour tenter de réconcilier catholiques et protestants.

1562

– 17 janvier : édit de Janvier qui accorde la liberté de conscience pour les protestants et le libre exercice du culte dans les faubourgs des villes et les maisons particulières.

– 1er mars : massacre de protestants à Vassy par les partisans des Guise, début des guerres de religion.

– 20 septembre : les protestants s'allient avec l'Angleterre (traité d'Hampton Court).

– Octobre–décembre : victoires des catholiques à Rouen et Dreux.

1562–1563 : crise de subsistances (également en 1565–1566, 1573–1574, 1586–1587, 1590–1592).

1563

– 24 février : assassinat de François de Guise par un protestant, lors du siège d'Orléans.

– 19 mars : édit d'Amboise, liberté de conscience maintenue mais liberté de culte plus limitée pour les protestants. Fin de la première guerre de religion.

– 17 août : proclamation de la majorité du roi Charles IX.

1564

– 13 mars : début d'un long voyage de Charles IX et de Catherine de Médicis à travers la France (jusqu'en mai 1566).

– 11 avril : paix de Troyes avec les Anglais.

– 27 mai : mort de Calvin à Genève.

– Création de la fonction de surintendant général des finances.

– Fixation du début de l'année civile au Ier janvier.

1566

– Janvier : assemblée des notables à Moulins. Catherine de Médicis oblige les catholiques et les protestants à se réconcilier.

– Février : ordonnance de Moulins visant à réformer la justice.

1567, septembre : les protestants essaient de s'emparer du roi Charles IX. Début de la deuxième guerre de religion. Les protestants prennent Orléans et assiègent Paris.

1568, 23 mars : paix de Longjumeau, confirmant l'édit d'Amboise.

1569 : reprise de la guerre. Défaites protestantes à Jarnac (13 mars) et Moncontour (3 octobre). Mort du prince protestant Louis de Condé.

Coligny chef de l'armée protestante.
1570
– Juin : victoire de Coligny à Arnay–le–Duc sur les catholiques.
– 8 août : paix de Saint–Germain, les protestants peuvent pratiquer leur culte dans deux villes par province et obtiennent quatre places de sûreté. Fin de la troisième guerre de religion.
1572
– 18 août : mariage d'Henri de Navarre et de Marguerite de Valois, sœur du roi.
– 24 août : massacre des protestants lors de la saint–Barthélémy à Paris dont Coligny, puis massacres dans les provinces d'août à octobre. Henri de Navarre est contraint à la conversion. Reprise de la guerre, siège des places fortes protestantes dans le midi et l'ouest (La Rochelle 1573).
1573
– 1er juillet : édit de Boulogne mettant fin à la quatrième guerre de religion, il accorde aux protestants la liberté de conscience et la liberté de culte à Nîmes, Montauban et La Rochelle.
– Assemblées protestantes dans les villes du sud et du centre–ouest visant à créer une fédération.
1574
– Février : reprise de la guerre entre catholiques et protestants.
– 30 mai : mort du roi Charles IX. Avènement de son frère Henri III.
– Juillet : réunion des États généraux protestants à Millau.
1575, 10 octobre : victoire des catholiques à Dormans.
v. 1575–1595 : crise économique généralisée, industrielle, commerciale, bancaire, sociale.
1576
– Février : Henri de Navarre abjure le catholicisme et prend la tête de l'armée protestante.
– 6 mai : édit de Beaulieu, liberté de culte aux protestants sauf à Paris et octroi de huit places fortes.
– Mai : formation de la Ligue des catholiques à Péronne.
– Novembre : réunion des États généraux à Blois (jusqu'en février 1577).
1577 :
– Reprise de la guerre, le roi à la tête de la Ligue. Victoires catholiques à la Charité–sur–Loire et à Issoire (mai–juin).
– 17 septembre : paix de Bergerac, puis édit de Poitiers, le culte protestant est autorisé dans une ville par bailliage, huit places de sûreté sont accordées. La Ligue est dissoute.
– Fixation de l'or comme seul étalon monétaire. La livre tournois est remplacée par l'écu comme monnaie de compte.
1578–1580 : révoltes paysannes en Vivarais et Dauphiné dues au refus d'impôts.
1579
– Mai : grande ordonnance de Blois touchant à de nombreux sujets de la

vie sociale.

– Novembre : début de la septième guerre de religion, combats en Picardie et en Languedoc.

1580

– Mai : prise de Cahors par Henri de Navarre.

– 26 novembre : paix de Fleix, confirmant la paix de Bergerac.

1581, décembre : édit réglant les métiers du royaume par l'établissement de maîtrises et corporations.

1583, novembre : réunion d'une assemblée de notables à Saint–Germain pour remédier aux troubles sociaux.

1584, 10 juin : mort de François, duc d'Anjou, quatrième fils d'Henri II. Henri de Navarre héritier présomptif du trône de France.

– 31 décembre : traité de Joinville, les Guise forment une nouvelle Ligue et s'allient avec le roi d'Espagne Philippe II.

1585

– Mars : reprise de la guerre. La Ligue soulève le nord et le centre.

– 20 juin : Henri III prend la tête de la Ligue. Interdiction de la religion protestante (juillet).

1587, 20 octobre : victoire d'Henri de Navarre à Coutras sur l'armée royale.

1588, 12 mai : "journée des barricades" à Paris, Henri III abandonne la ville aux Ligueurs.

– 21 juillet : édit d'Union, Henri III reconnaît la Ligue et met les protestants hors la loi.

– Septembre : les États généraux de Blois proclament l'édit d'Union loi fondamentale du royaume et la déchéance d'Henri de Navarre.

– Novembre–décembre : Henri de Navarre convoque une assemblée des églises protestantes à La Rochelle.

– 23 décembre : le roi Henri III fait assassiner Henri et Louis de Guise.

– Décembre : les Ligueurs prennent le contrôle de Paris. Une assemblée de gouvernement, le conseil des Quarante, se constitue.

1589

– 5 janvier : mort de Catherine de Médicis.

– Avril : réconciliation d'Henri III et d'Henri de Navarre. Siège de Paris.

– 2 août : mort du roi Henri III, assassiné par Jacques Clément. Avènement du roi Henri IV.

– 4 août : Henri IV promet de conserver la religion catholique (déclaration de Saint–Cloud).

– 21 septembre : victoire d'Henri IV sur l'armée de la Ligue, à Arques.

1589–1590 : révoltes populaires en Normandie, puis en Bretagne, contre la hausse de la fiscalité.

1590, 14 mars : victoire d'Henri IV à Ivry sur les catholiques. Le roi met le siège devant Paris, en mai.

1591, 5–6 août : édit instituant un nouveau statut pour les protestants et un autre favorable au catholicisme.

Entrée d'Henri IV à Paris.

1593

– 26 janvier : Mayenne, chef des catholiques, réunit les États généraux à Paris pour élire un nouveau roi. Échec.

– 25 juillet : abjuration d'Henri IV et conversion du roi à la religion catholique.

1593–1595 : révolte des croquants, paysans du Limousin, Périgord et Guyenne.

1594

– 27 février : sacre d'Henri IV à Chartres.

– 22 mars : entrée d'Henri IV à Paris.

– Décembre : le Parlement de Paris décide l'expulsion des Jésuites.

1595

– Janvier : Henri IV déclare la guerre à l'Espagne. Victoire de Fontaine–Française (5 juin) et défaites en Picardie.

– Novembre : soumission des derniers Ligueurs.

1596

– Juin : conclusion d'une alliance avec l'Angleterre et les Provinces–Unies contre l'Espagne.

– 4 novembre : Henri IV réunit une assemblée de notables pour le vote d'une aide fiscale exceptionnelle (impôt de la "pancarte").

1597

– 11 mars : prise d'Amiens par les Espagnols (reprise par les troupes d'Henri IV en septembre).

– Édit généralisant le système des maîtrises à tous les métiers.

– Les dettes de l'État sont liquidées par une banqueroute.

1598

– 13 avril : édit de Nantes, reconnaissance de la liberté de conscience, extension de la liberté de culte protestant, octroi de 144 places de sûreté aux protestants. Fin des guerres de religion.

– 2 mai : traité de Vervins entre Henri IV et Philippe II d'Espagne.

– Sully nommé surintendant des finances.

1600

– 11 août : déclaration de guerre à la Savoie.

– 17 décembre : mariage d'Henri IV et de Marie de Médicis, après l'annulation de son mariage avec Marguerite de Valois.

Début XVIIe siècle : reprise économique et retour de la prospérité.

1600–1616 : grande épidémie de peste (également en 1628–1632, 1644–1657 et 1663–1670).

1601

– 17 janvier : traité de Lyon entre Henri IV et le duc de Savoie qui lui cède la Bresse, le Bugey, le Valroney et le pays de Gex.

– 27 septembre : naissance du dauphin, le futur Louis XIII.

1601–1602 : révolte de plusieurs villes contre l'impôt de la "pancarte".

1602

– Édit de Montceaux : dévaluation de l'écu. Retour à la monnaie de compte en livres tournois.

– 10 novembre : suppression de l'impôt de la "pancarte".

1603 : les Jésuites autorisés à rentrer en France et à fonder des collèges.

1604

– 12 décembre : édit royal instituant la paulette, taxe sur les offices royaux, consacrant l'hérédité possible des charges.

– Début de la construction du canal de Briare entre la Loire et la Seine (jusqu'en 1642).

1608, juillet : Champlain fonde la ville de Québec.

1610, 14 mai : assassinat du roi Henri IV par Ravaillac. Avènement de son fils Louis XIII. Régence de Marie de Médicis.

1611

– Janvier : démission de Sully. Concini favori de la régente.

– Mai : assemblée des protestants français à Saumur.

1612, 25 août : traité de Fontainebleau, rapprochement entre la France et l'Espagne; fiançailles du roi Louis XIII et d'Anne d'Autriche, fille du roi d'Espagne Philippe III.

1614

– Révolte des Grands (Condé) contre Concini : paix de Sainte–Menehould (15 mai). La régente promet la réunion des États généraux.

– 27 octobre : réunion des États généraux (jusqu'en mars 1615).

1615, 28 novembre : mariage du roi Louis XIII et d'Anne d'Autriche.

1616 : nouveau soulèvement des nobles, traité de Loudun (3 mai) entre la régente et Condé. Arrestation de Condé (1er septembre).

– Richelieu entre au conseil du roi comme secrétaire d'État à la guerre et aux affaires étrangères.

1617

– 24 avril : Louis XIII fait assassiner Concini et écarte sa mère du pouvoir. Richelieu est disgracié.

– Disette céréalière (même chose en 1621–1622, 1625–1626, 1629–1630, 1636–1639, 1643–1644).

1619

– 12 mai : réconciliation entre Louis XIII et sa mère (traité d'Angoulême).

– Nouvelle révolte des princes, soutenus par la reine–mère contre Luynes, favori du roi Louis XIII. Victoire des troupes royales aux Ponts–de–Cé (7 août 1620).

1620

– Octobre : Louis XIII prononce le rattachement de la Navarre et du Béarn à la France.

– 25 décembre : assemblée de députés protestants à La Rochelle, qui décide un soulèvement contre l'autorité royale.

1621, août–décembre : siège de Montauban par les troupes royales.

1622

– 5 septembre : Richelieu cardinal

– 18 octobre : paix de Montpellier confirmant aux protestants leurs libertés et privilèges, mais ne leur laissant que deux places de sûreté, La

Rochelle et Montauban.

1624

– 29 avril : Richelieu revient au Conseil du roi.

– Révolte des croquants du Quercy contre la hausse de la fiscalité.

1625 : reprise de la lutte contre les protestants, victoire d'une flotte royale sur les Rochelais au large de l'île de Ré (septembre).

1626

– Février : édit royal contre les duels.

– Novembre : réunion d'une assemblée des notables par Louis XIII (jusqu'en février 1627).

1627, avril : Richelieu fonde la Compagnie de la Nouvelle–France.

1627–1628 : siège de La Rochelle par les troupes royales. Aide anglaise aux assiégés. Capitulation et démantèlement de la ville en octobre 1628.

1629

– 15 janvier : "lit de justice" pour imposer au Parlement de Paris une ordonnance royale limitant son droit de remontrance. ("Code Michau").

– Février : intervention militaire française en Italie contre l'Espagne et les Impériaux, à propos de la succession du duché de Mantoue.

– Mai : nouvelle révolte protestante en Languedoc.

– 28 juin : édit d'Alès, les protestants perdent leurs places de sûreté, mais conservent leur statut religieux.

– 21 novembre : Richelieu devient principal ministre d'État.

1630

– 22 mars : prise de la place forte de Pignerol par les Français, puis occupation de la Savoie.

– Octobre : Richelieu rejette le traité de Ratisbonne, signé avec les Impériaux, mais met fin à la guerre de Mantoue.

– 11 novembre : "journée des dupes", Richelieu triomphe de Marie de Médicis, Louis XIII le maintient en fonctions.

– Émeutes urbaines et jacqueries.

1631, juillet : fuite de Marie de Médicis aux Pays–Bas. Rupture définitive avec son fils.

1632 : révoltes de Gaston d'Orléans, frère du roi et de Montmorency, gouverneur du Languedoc.

1632–1633 : les Français occupent progressivement la Lorraine.

1634, 28 septembre : arrêt généralisant la fonction d'intendant dans les provinces.

1634–1637 : révolte des croquants en Limousin, agitation antifiscale en Guyenne, famine en Bourgogne, révolte des paysans en Provence, émeutes urbaines.

1635

– Janvier : Louis XIII crée l'Académie française.

– Février : fondation de la Compagnie française des îles d'Amérique.

– Février–avril : traités d'alliance avec les Provinces–Unies et la Suède.

– 19 mai : déclaration de guerre à l'Espagne. Intervention française dans la guerre de Trente ans, début des guerres contre les Habsbourg.

– Début de la conquête française de la Guadeloupe et de la Martinique.

1636, 15 août : prise de Corbie par les Espagnols. Siège de Saint–Jean–de–Losne par les Impériaux.

1638

– 5 septembre : naissance du futur Louis XIV.

– Décembre : prise de Brisach par les Français sur la rive droite du Rhin.

– Installation des premiers Français au Sénégal.

1639–1641 : révolte des va–nu–pieds en Normandie.

1640

– 31 mars : déclaration royale entraînant une refonte générale des monnaies, création du louis d'or (complété par l'édit de septembre 1641 créant l'écu d'argent).

– 9 août : prise d'Arras par les Français, conquête de l'Artois.

– Occupation de la Savoie et du Piémont.

1641, 21 février : édit royal limitant les pouvoirs du Parlement.

1642

– Mai : fondation de Montréal par les Français.

– Juin : complot de Cinq–Mars (exécuté le 12 septembre).

– Août : publication d'un règlement étendant les pouvoirs de police, justice et finances des intendants.

– Septembre : conquête du Roussillon par les Français. Victoire sur les Espagnols à la bataille des Fourches (7 octobre) et entrée dans Barcelone (4 décembre).

– 4 décembre : mort de Richelieu. Le cardinal Mazarin principal ministre.

1643

– 4 mai : Le Tellier devient secrétaire d'État à la guerre.

– 14 mai : mort du roi Louis XIII. Avènement de son fils Louis XIV, Anne d'Autriche régente et Mazarin chef du conseil.

– 19 mai : victoire française sur les Espagnols à Rocroi.

– Juin–septembre : soulèvements de paysans du Rouergue contre la taille.

– Des Français s'installent à Madagascar, fondation de Fort–Dauphin.

1644 : troubles et émeutes urbaines antifiscales dans le Dauphiné et le Languedoc.

1644–1647 : accroissement de la fiscalité, pour financer la guerre.

1644–1648 : reprise de la guerre, les Français occupent la rive gauche du Rhin (1644), les Pays–Bas (1645), prennent Dunkerque (1646), mais échouent en Toscane (1648) et en Catalogne (1647).

1648

– Janvier : début de la Fronde parlementaire (le Parlement de Paris contre Mazarin). Arrêt d'union du Parlement (13 mai) qui limite les prérogatives royales. Émeutes à Paris en août et fuite de la régente.

– 17 mai : victoire française à Zusmarshausen sur les Impériaux.

– 20 août : victoire française à Lens sur les Espagnols.

– 22 octobre : la régente entérine l'Arrêt d'union des parlementaires et rentre à Paris.

– 24 octobre : traités de Westphalie mettant fin à la guerre de Trente ans, la France conserve les trois évêchés et obtient des territoires en Alsace.

1649

– Janvier : fuite de la famille royale de Paris. Siège de Paris tenu par les frondeurs. Révolte des provinces contre Mazarin.

– 1er avril : paix de Saint–Germain entre Mazarin et les frondeurs.

– 18 août : retour du roi Louis XIV à Paris.

1650

– Janvier : début de la Fronde nobiliaire. Essai de soulèvement des provinces par les princes et alliance avec l'Espagne dont l'armée envahit le nord du pays.

– Décembre : les troupes royales battent Turenne à Sommepy.

1651

– Janvier : union des deux Frondes.

– 7 février : exil de Mazarin.

– 7 septembre : Louis XIV est déclaré majeur. Fin de la régence.

– Septembre : révolte du prince de Condé.

1652

– Janvier–octobre : lutte entre l'armée royale et les forces des princes, victoire de l'armée royale à Étampes (mai); mais Condé prend Paris (juillet).

– Septembre : les Espagnols s'emparent de Dunkerque.

– Octobre : défaite de Condé, qui s'enfuit en Flandre au service des Espagnols.

– 21 octobre : retour de Louis XIV à Paris.

1653

– 3 février : retour de Mazarin à Paris. Fin de la Fronde.

– 7 février : Fouquet est nommé surintendant des finances.

– Mai : le pape Innocent X condamne le jansénisme.

– Août : Condé entre en guerre contre la France à la tête d'une armée espagnole.

1654

– 7 juin : sacre du roi Louis XIV à Reims.

– 25 août : l'armée royale bat Condé à Arras.

1655, 13 avril : Louis XIV impose ses édits au Parlement de Paris ("lit de justice").

1656, avril : édit créant un hôpital général à Paris pour la prise en charge des pauvres et interdisant la mendicité. (étendu à tout le royaume en 1662).

1657, 23 mars : alliance franco–anglaise contre l'Espagne (traité de Paris).

1658

– 14 juin : bataille des Dunes, victoire de Turenne sur les Espagnols et Condé. Prise de Dunkerque remise aux Anglais.

– Révolte antifiscale des sabotiers en Sologne.

1 6 5 9

– 7 novembre : paix des Pyrénées, fin de la guerre contre l'Espagne; la France conserve le Roussillon, la Cerdagne et l'Artois.

– Novembre : dernier synode des églises réformées de France à Loudun.

– Création de la Compagnie du Cap–Vert et du Sénégal.

– Début de l'installation française à Saint–Domingue.

1660, 9 juin : mariage du roi Louis XIV et de Marie–Thérèse, fille du roi d'Espagne Philippe IV.

1 6 6 1

– 9 mars : mort de Mazarin. Début du règne personnel de Louis XIV. Réorganisation du conseil du roi.

– Septembre : arrestation de Fouquet, surintendant des finances.

– Début de la construction du château de Versailles.

1 6 6 2

– 27 novembre : restitution de Dunkerque à la France par le traité de Londres.

– Guerre du Lustucru dans le Boulonnais, révolte paysanne contre la taille.

– Jean–Baptiste Colbert nommé ministre d'État.

1663, septembre : instructions de Colbert pour les intendants.

1 6 6 4

– Janvier : Colbert, nommé surintendant des bâtiments royaux.

– Mai–août : créations de la Compagnie française des Indes occidentales et de la Compagnie française des Indes orientales.

– Septembre : premier tarif protecteur de Colbert.

– Louvois, nommé secrétaire d'État à la guerre.

1664–1665 : révolte d'Audijos dans les Landes contre la gabelle.

1665, 12 décembre : Colbert nommé contrôleur général des finances.

1665–1670 : création de nombreuses manufactures royales.

1666, janvier : Louis XIV ordonne l'enregistrement par le Parlement de Paris d'édits royaux.

– Création du port de Rochefort, arsenal de la flotte.

1666–1667 : révolte antifiscale des Miquelets dans le Roussillon.

1 6 6 7

– Mars : création de la charge de lieutenant général de police de Paris, confié à La Reynie. (jusqu'en 1697).

– Avril : publication de l'ordonnance civile pour réformer la justice (Code Louis).

– Renforcement du tarif douanier protecteur de Colbert.

– 14 juillet : l'Espagne déclare la guerre à la France, début de la guerre de la Dévolution, Louis XIV s'empare de Lille (août).

1 6 6 8

– Février : Louis XIV conquiert la Franche–Comté.

– 2 mai : traité d'Aix–la–Chapelle mettant fin à la guerre de la Dévolution, la France conserve les places conquises en Flandre, mais rend la Franche–Comté à l'Espagne.

– Juin : Louvois nommé surintendant des postes.

1 6 6 9

– Février–mars : Colbert nommé secrétaire d'État chargé de la maison du roi et de la marine.

– Juin : création de la Compagnie du Nord.

– Août : ordonnance des Eaux et forêts, pour réglementer la production et l'exploitation du bois.

1 6 7 0

– 1er juin : traité secret de Douvres avec l'Angleterre.

– 13 juillet : instauration de l'inscription maritime.

– 26 août : publication d'une ordonnance visant à réformer la procédure criminelle.

– Création de la Compagnie du Levant.

– Soulèvement antifiscal dans le Bas–Vivarais.

1 6 7 2

– Mars : début de la guerre de Hollande.

– Juin : les Français franchissent le Rhin, mais les Hollandais inondent le pays.

1 6 7 3

– Janvier : installation des Français à Pondichéry.

– 24 février : le roi enlève aux parlements le droit de remontrance.

– Mars : ordonnance du commerce unifiant les lois, règlements ou usages touchant le commerce terrestre.

– 30 juin : prise de Maastricht par les Français.

– 30 août : coalition de l'empereur d'Allemagne, de l'Espagne, des Provinces–Unies et du duc de Lorraine contre la France.

– Décembre : invasion de l'Alsace par les Impériaux.

– Mesures royales pour étendre le régime des jurandes à tous les métiers.

– Marquette explore la vallée du Mississippi.

1 6 7 4

– Février : l'Angleterre abandonne l'alliance française.

– Mai–juin : Louis XIV conquiert la Franche–Comté.

– 16 juin : victoire française à Sinzheim sur le duc de Lorraine.

– 11 août : victoire française à Seneffe sur une armée de Hollandais, d'Espagnols et d'Impériaux.

1 6 7 5

– 5 janvier : victoire française près de Colmar sur les Impériaux, libération de l'Alsace.

– 11 février : victoire navale française sur les Espagnols près de l'île de Stromboli.

– 27 juillet : mort du maréchal de Turenne.

– 31 juillet : création du tableau d'avancement dans l'armée par Louvois.

– Révolte du "papier timbré" en Bretagne.

1 6 7 6

– 22 avril : victoire navale française à Agosta sur les Hollandais.

– 2 juin : destruction de la flotte espagnole à Palerme.

– juin : édit renouvelant l'obligation d'établir un hôpital général dans toutes les villes.

– Novembre : création de la caisse des conversions pour engager les protestants à abjurer.

1677

– 11 avril : victoire de Cassel sur les Hollandais.

– Octobre : Le Tellier est nommé chancelier et garde des Sceaux.

1678

– 4 janvier : Vauban est nommé commissaire général des fortifications.

– 12 mars : prise de Gand par les Français.

1678–1679 : traités de Nimègue avec les Provinces–Unies, l'Espagne et l'empereur d'Allemagne, mettant fin à la guerre de Hollande; la France obtient la Franche–Comté, l'Artois et de nombreuses places en Flandre.

1679

– Octobre : déclaration interdisant aux protestants de réunir des synodes sans autorisation royale.

– Vauban commence la construction de son système de fortifications.

1680

– 25 juin : arrêt interdisant de se convertir au protestantisme.

– 21 octobre : création de la Comédie–française.

1681, mars : début des Dragonnades contre les protestants dans le Poitou, puis extension à tout le royaume.

– 25 juillet : création de la Ferme générale pour les impôts indirects.

– Août : ordonnance sur le commerce maritime.

– 23 octobre : annexion de Strasbourg par Louis XIV.

– Fin de la construction du canal des Deux mers.

1682

– 19 mars : adoption par l'assemblée du clergé de la Déclaration des quatre articles, charte du gallicanisme politique et religieux.

– 6 mai : la Cour s'installe à Versailles.

– Cavelier de la Salle fonde la Louisiane.

1683

– 30 juillet : mort de la reine Marie–Thérèse.

– 6 septembre : mort de Colbert.

1684

– 4 juin : prise de Luxembourg par les Français.

– Août : trêve de Ratisbonne, ratifiant les "réunions" de Louis XIV à la France.

1685

– Mars : publication du Code noir qui fixe la condition des esclaves noirs des colonies d'Amérique.

– 17 octobre : édit de Fontainebleau qui révoque l'édit de Nantes, abolition du culte protestant en France.

1686

– 9 juillet : création de la Ligue d'Augsbourg entre l'empereur d'Allemagne, l'Espagne, la Suède et la Bavière contre la France.

Molière

– Apparition des "assemblées du désert" réunies par les protestants.

1688

– Septembre : début de la guerre de la Ligue d'Augsbourg. Conquête du Palatinat.

– 11 décembre : l'empereur d'Allemagne déclare la guerre à la France.

1689

– 17 mai : l'Angleterre déclare la guerre à la France : Guerre navale franco–anglaise en Irlande.

– Pontchartrain est nommé contrôleur général des finances.

1690 : victoires françaises à Fleurus (1er juillet), à Staffarde (18 août) et sur mer à Béveziers (10 juillet).

1691, 16 juillet : mort de Louvois. Son fils, Barbezieux lui succède au secrétariat d'État à la guerre.

1692

– 29 mai : défaite française sur mer à La Hougue face aux Hollandais et aux Anglais.

– 3 août : victoire française à Steinkerque sur les Anglais.

1693

– 29 juillet : victoire française à Neerwinden sur les Anglais.

– Septembre : Louis XIV désavoue la Déclaration des quatre articles, face à l'opposition papale.

– 4 octobre : victoire française à La Marsaille, sur le duc de Savoie.

1693-1694 : mauvaise récolte, famine, grave crise économique, grande misère.

1695,

– Janvier : création d'un nouvel impôt, la capitation, pour financer la guerre de la Ligue d'Augsbourg (supprimée en 1698, puis rétablie en 1701).

1697

– 9 août : les Français s'emparent de Barcelone.

– Septembre–octobre : traités de Ryswick mettant fin à la guerre de la Ligue d'Augsbourg, la France cède les villes annexées depuis 1679, sauf Strasbourg.

1700, 1er novembre : mort du roi d'Espagne, Charles II, qui a choisi pour héritier Philippe, duc d'Anjou, petit–fils de Louis XIV.

1701, 7 septembre : constitution de la Grande alliance de La Haye contre la France et l'Espagne, début de la guerre de Succession d'Espagne.

1702–1704 : révolte des Camisards dans les Cévennes.

1703

– 20 septembre : victoire française sur les Impériaux à Höchstädt.

– 8 novembre : la Savoie quitte l'alliance française.

– Création du "centième denier", taxe de 1% sur les mutations de propriété immobilière.

1704

– 16 mai : le Portugal quitte l'alliance française.

– 13 août : défaite française à Blindheim, face aux Anglo–Impériaux.

1706

– 23 mai : défaite française à Ramillies, conquête des Pays–Bas espagnols par les Anglais.

– 7 septembre : défaite française à Turin face aux Impériaux et aux Savoyards.

1707

– 25 avril : victoire des Franco–Espagnols à Almanza.

– Août : échec des coalisés devant Toulon.

– Arrêt de l'émission du papier–monnaie.

– Révolte des "tard avisés" du Quercy.

1708

– 11 juillet : bataille indécise d'Audenarde.

– 22 octobre : prise de Lille par les Anglo–Hollandais. La France est envahie.

1709

– Mars : refonte générale des monnaies, réévaluation du louis d'or et de l'écu d'argent puis dévaluation de la livre tournois.

– 11 septembre : défaite de Malplaquet face aux Anglais et aux Impériaux.

– Grande famine, hiver rigoureux, crise économique, grande misère, révoltes.

1710

– 15 février : naissance du futur Louis XV.

– 14 octobre : création de l'impôt du dixième (supprimé en 1717).

– 10 décembre : victoire des Franco–Espagnols à Villaviciosa.

– Destruction de l'abbaye de Port–Royal des Champs.

1711

– 14 avril : mort du Grand dauphin, fils de Louis XIV.

– 8 octobre : signature de préliminaires de paix à Londres.

1712

– 18 février : mort du dauphin Louis, petit–fils de Louis XIV.

– 8 mars : mort du duc de Bretagne, troisième dauphin, arrière–petit-fils de Louis XIV.

– 24 juillet : victoire française à Denain.

– 5 novembre : Philippe V choisit le trône d'Espagne et renonce à ses droits sur le royaume de France.

1713

– 12 avril : signature des traités d'Utrecht avec l'Angleterre, les Provinces–Unies, le Portugal, la Savoie et la Prusse; la France cède à l'Angleterre l'Acadie et Terre–Neuve. Reprise de la guerre contre les Impériaux (prise de Landau par les Français le 17 août).

– 8 septembre : le pape Clément XI publie la bulle *Unigenitus*, condamnant le jansénisme.

1714

– 15 février : Louis XIV contraint le Parlement à enregistrer la bulle *Unigenitus*.

– 6 mars : traité de Rastatt avec l'Empire, la France conserve l'Alsace, mais rend les conquêtes de la rive droite du Rhin.

– 4 mai : mort du duc de Berry, troisième petit–fils de Louis XIV.

1715

– 1er septembre : mort du roi Louis XIV. Avènement de son arrière–petit–fils, le duc d'Anjou, Louis XV, âgé de cinq ans. Régence de Philippe d'Orléans, son oncle.

– Septembre : le Parlement recouvre le droit de remontrance.

– Octobre : organisation de la Polysynodie; réforme des conseils de gouvernement, suppression des secrétaires d'État.

1716

– 1er février : réforme du corps des ingénieurs des Ponts et Chaussées avec la création d'un intendant.

– 2 mai : fondation de la Banque de Law.

– 9 octobre : signature de la convention de Hanovre avec l'Angleterre.

1717

– 4 janvier : triple alliance de La Haye entre la France, l'Angleterre et les Provinces–Unies (devenue quadruple alliance avec l'empereur d'Allemagne le 2 août 1718).

– 6 septembre : fondation de la Compagnie d'Occident, société anonyme par actions, par Law, pour l'exploitation de la Louisiane.

1718

– Mai–juin : la Compagnie d'Occident prend le nom de Compagnie des Indes.

– 26 août : "lit de justice" au Parlement, le régent limite son droit de remontrance.

– 24 septembre : suppression progressive des différents conseils de la polysynodie.

– 4 décembre : la banque Law devient banque royale.

– Fondation de La Nouvelle–Orléans.

1719

– 9 janvier : la France déclare la guerre à l'Espagne. Victoires françaises.

– Mai : la Compagnie des Indes reçoit le monopole du commerce avec les colonies.

– Juillet : la Compagnie des Indes obtient le privilège de la fabrication des monnaies.

– 27 août : la Compagnie des Indes obtient le bail des fermes générales.

– Septembre : fin de la polysynodie. Rétablissement des secrétaires d'État.

1720

– 5 janvier : Law devient contrôleur général des finances.

– 18 février : fusion de la Compagnie des Indes et de la banque Law.

– 3 juillet : émeute à Paris face à la faillite du système Law.

– 21 juillet : le Parlement de Paris est exilé à Pontoise.

– 4 août : déclaration du régent imposant la bulle *Unigenitus*.

– Octobre–novembre : effondrement du système Law, banqueroute. Fuite de Law (décembre).

1720–1721 : épidémie de peste à Marseille.

1721
– 13 juin : traité de Madrid entre l'Espagne, la France et l'Angleterre.
– Fondation du comptoir de Mahé en Inde.

1722
– 22 août : Dubois devient "principal ministre de l'État".
– 25 octobre : sacre de Louis XV à Reims.

1723
– 16 février : proclamation de la majorité de Louis XV. Fin de la Régence.
– 10 août : mort de Dubois. Philippe d'Orléans devient premier ministre.
– 2 décembre : mort de Philippe d'Orléans. Le duc de Bourbon devient premier ministre.
– Reconstitution de la Compagnie française des Indes.

1724
– 14 mai : édit contre les protestants, renouvellement des mesures précédentes.
– 24 septembre : fondation de la Bourse de Paris.

1725
– Mars : rupture des relations diplomatiques entre la France et l'Espagne.
– 5 juin : création de l'impôt du cinquantième sur tous les revenus (en remplacement du dixième), supprimé en 1727.
– 3 septembre : signature d'un accord entre la France, l'Angleterre et la Prusse.
– 5 septembre : mariage de Louis XV et de Marie Leszczynska, fille de l'ancien roi de Pologne.

v. 1725 : introduction de la franc–maçonnerie en France.

1725–1726 : disettes (également en 1738–1741, 1747, 1751–1752, 1765–1770 et 1771–1775).

1726
– 11 juin : disgrâce du duc de Bourbon, Fleury devient premier ministre.
– 15 juin : stabilisation du louis d'or et de l'écu d'argent.
– Août : reconstitution de la Ferme générale.

1729, novembre : traité de Séville; rapprochement entre la France, l'Angleterre, l'Espagne et la Hollande.

1730
– 24 mars : la bulle *Unigenitus* devient loi de l'État.
– Orry est nommé contrôleur général des finances (jusqu'en 1745).

1731, Août : Dupleix nommé gouverneur de Chandernagor.

1732 : fondation de la Grande Loge de France, société maçonnique.

1733
– 10 octobre : début de la guerre de Succession de Pologne, après l'élection comme roi de Stanislas Leszczynski, beau–père de Louis XV , la France déclare la guerre à l'empereur d'Allemagne.
– 7 novembre : signature du traité de l'Escorial entre la France et l'Es-

pagne (premier "pacte de famille").

– 17 novembre : rétablissement de l'impôt du dixième (supprimé en 1737, rétabli en 1741).

1734 : combats contre les Impériaux en Allemagne et en Lombardie puis prises de Philippsbourg (18 juillet), de Milan (3 novembre); mais Stanislas doit s'enfuir de Pologne (27 juin).

1735, 3 octobre : signature des préliminaires de paix entre la France et l'Autriche.

1737 : D'Aguesseau nommé chancelier (jusqu'en 1750).

1738

– 13 juin : organisation de la corvée royale par une circulaire aux intendants.

– 18 novembre : traité de Vienne, fin de la guerre de Succession de Pologne. Stanislas Leszczynski renonce au trône de Pologne et reçoit les duchés de Lorraine et de Bar, à titre viager (ils seront intégrés à la France en 1766).

1740, 20 octobre : mort de l'empereur d'Allemagne Charles VI, ouverture de la succession d'Autriche. Sa fille Marie–Thérèse devait lui succéder.

1741

– 5 juin : traité d'alliance entre la France et la Prusse.

– Novembre : début de la guerre de Succession d'Autriche, prise de Prague par une armée franco–bavaroise.

1742

– 24 janvier : les Français font élire Charles–Albert de Bavière, empereur d'Allemagne. (Charles VII).

– Décembre : l'armée française réussit à éviter l'encerclement dans Prague.

– Dupleix devient gouverneur des comptoirs français de l'Inde.

1743

– 29 janvier : mort du cardinal de Fleury. Début du règne personnel de Louis XV.

– 27 juin : défaite française à Dettingen face aux Anglo–Hollandais.

– 25 octobre : alliance franco–espagnole, deuxième "pacte de famille".

1744

– Mars–avril : la France déclare la guerre à l'Angleterre et à l'Autriche.

– 5 juin : signature d'une nouvelle alliance entre la France et la Prusse.

1744–1748 : combats franco–anglais en Inde et dans les colonies d'Amérique.

1745

– 20 janvier : mort de l'empereur d'Allemagne Charles VII.

– 11 mai : victoire française à Fontenoy sur les Anglais.

– 13 octobre : François de Lorraine, époux de Marie–Thérèse d'Autriche, est élu empereur d'Allemagne.

– Décembre : Machault d'Arnouville devient contrôleur général des finances.

– Madame de Pompadour, favorite de Louis XV.

1746

– 20 février : prise de Bruxelles par les Français.

– 11 octobre : victoire française à Rocoux.

1747

– 2 juillet : victoire française à Lawfeld sur les Anglais.

– Fondation de l'École des Ponts et Chaussées.

1748

– 7 mai : prise de Maastricht par les Français.

– 18 octobre : traité d'Aix–la Chapelle mettant fin à la guerre de Succession d'Autriche, la France restitue toutes ses conquêtes.

1749

– 23 avril : disgrâce de Maurepas, secrétaire d'État à la marine depuis 1722.

– Mai : édits de Marly, réforme fiscale; l'impôt du dixième est remplacé par l'impôt du vingtième sur tous les revenus. Résistance des parlements et opposition du clergé.

– Décembre : émeutes à Paris (jusqu'en avril 1750).

1750, septembre : le roi renvoie les députés de l'assemblée du clergé et fixe le don gratuit que l'Église devait verser.

– Décembre : Machault d'Arnouville nommé garde des Sceaux.

1751

– Décembre : le roi cède et suspend l'application du vingtième pour le clergé.

– Création de l'École militaire de Paris.

– Début de la publication de l'Encyclopédie par Diderot.

1752

– Renouvellement de l'interdiction des assemblées du désert pour les protestants.

– Affaire des billets de confession pour les jansénistes (jusqu'en 1756).

1754

– Août : Machault d'Arnouville quitte le contrôle général des finances pour la Marine, mais conserve ses fonctions de chancelier.

– Combats franco–anglais en Amérique pour la possession de la vallée de l'Ohio, capitulation anglaise le 3 juillet.

– Échec de Dupleix en Inde, il est rappelé en France. Signature d'un traité franco–anglais le 26 décembre.

1755 : blocus naval du Canada français par la flotte anglaise.

1756

– Mai : déclaration de guerre entre la France et l'Angleterre, début de la Guerre de Sept ans après le renversement des alliances (France–Autriche contre Angleterre–Prusse).

– 7 juillet : création d'un deuxième vingtième pour financer la guerre. Forte opposition parlementaire.

– 14 août : Montcalm prend aux Anglais le fort Oswego au Canada.

1757

– 5 janvier : attentat de Damiens contre Louis XV.

– 1er février : renvoi de Machault d'Arnouville et du comte d'Argenson, secrétaire d'État à la guerre.

– 1er mai : signature d'un traité offensif entre la France et l'Autriche.

– 8 septembre : victoire française à Kloster Zeven au Hanovre sur les Anglais.

– 5 novembre : défaite française à Rossbach face aux Prussiens.

– En Inde, les Anglais occupent Calcutta et Chandernagor. Victoire anglaise de Plassey (23 juin).

1758

– 23 juin : défaite française à Krefeld face aux Anglo–Prussiens.

– 26 juillet : capitulation de la forteresse de Louisbourg au Canada, face aux Anglais.

– Juillet : victoire française au fort Carillon, au Canada.

– 3 décembre : le duc de Choiseul devient secrétaire d'État aux affaires étrangères.

– 30 décembre : nouveau traité d'alliance avec l'Autriche.

– Poursuite des querelles entre les parlements et la monarchie (jusqu'en 1760).

1759

– Mai : prise de la Guadeloupe par les Anglais.

– 1er août : défaite française à Minden face aux Prussiens.

– Septembre : mort de Montcalm et capitulation de Québec.

– 20 novembre : défaite navale française contre les Anglais près de Belle–Isle.

1760

– 8 septembre : capitulation de Montréal au Canada. Les Anglais sont maîtres de toutes les possessions françaises.

– Augmentation de la capitation et création d'un troisième vingtième jusqu'à la paix.

1760–1761 : en Inde, les Anglais s'emparent de Mahé, Pondichéry et Karikal.

1761

– Mars–avril : condamnation des Jésuites par le Parlement de Paris.

– 15 août : pacte de famille France–Espagne contre l'Angleterre.

– Le duc de Choiseul, secrétaire d'État à la guerre et à la marine.

1762

– Janvier : les Anglais s'emparent de la Martinique.

– 3 novembre : préliminaires de Fontainebleau, mettant fin à la guerre de Sept ans.

– Affaire Calas, protestant toulousain condamné à mort pour le meurtre de son fils. Il sera réhabilité en 1765.

1762–1763 : les parlements votent l'expulsion des Jésuites.

1763

– 10 février : traité de Paris avec l'Angleterre, la France cède le Canada, la rive gauche du Mississippi, les possessions en Inde (sauf cinq comptoirs), le Sénégal et des Antilles. Elle cède la Louisiane à l'Espagne.

– Avril : suppression de l'impôt du troisième vingtième.

– Début des "affaires de Bretagne", crise grave entre le parlement de

Rennes et la monarchie (jusqu'en 1770).

1 7 6 4

– 15 avril : mort de la marquise de Pompadour.

– Novembre : édit entérinant l'expulsion des Jésuites.

– Affaire Sirven, protestant accusé d'avoir tué sa fille.

– Édit supprimant la vénalité des charges municipales et restaurant les élections. Nouvel édit en mai 1765 (réforme supprimée en 1771).

– Création d'une administration des Mines.

1765, 20 décembre : mort du dauphin Louis.

1 7 6 6

– Février : rattachement de la Lorraine à la France.

– 3 mars : séance de la "flagellation" tenue par le roi au Parlement de Paris, il réaffirme son pouvoir absolu.

1768, 15 mai : acquisition de la Corse par la France.

– 24 juin : mort de la reine Marie. Nouvelle favorite du roi, la comtesse du Barry.

– 18 septembre : Maupéou est nommé chancelier.

1769, 13 août : suppression de la Compagnie des Indes et liberté du commerce.

– 15 août : naissance de Napoléon Bonaparte en Corse.

– 22 décembre : l'abbé Terray devient contrôleur général des finances.

1 7 7 0

– 16 mai : mariage du dauphin Louis, petit–fils de Louis XV et de Marie–Antoinette d'Autriche.

– 7 Décembre : édit condamnant les prétentions politiques des parlements.

– 24 décembre : renvoi du duc de Choiseul.

1 7 7 1

– Janvier–février : Maupéou entreprend une réforme judiciaire, suppression de la vénalité des offices et création de six conseils supérieurs.

– 6 juin : le duc d'Aiguillon nommé secrétaire d'État aux affaires étrangères. Avec Maupéou et Terray, on a parlé de "triumvirat".

– Novembre : le premier vingtième est rendu perpétuel et le deuxième vingtième est prolongé jusqu'en 1781.

– Émeutes dans plusieurs provinces provoquées par la cherté du pain (jusqu'en 1773).

1 7 7 3

– 21 juillet : le pape Clément XIV dissout la Compagnie de Jésus.

– 22 octobre : fondation du Grand Orient de France, société maçonnique.

1 7 7 4

– 10 mai : mort du roi Louis XV. Avènement de son petit–fils Louis XVI, sacré le 11 juin 1775 à Reims.

– Juin–août : renvoi du triumvirat. Maurepas devient "principal ministre", Turgot est nommé contrôleur général des finances et Vergennes secrétaire d'État aux affaires étrangères.

– Septembre : Turgot établit la libre circulation des grains.

– 12 novembre : rappel par le roi du Parlement de Paris puis des parlements provinciaux.

1775
– Avril–mai : "guerre des farines" à cause de la cherté du prix du blé.
– Institution d'un livret ouvrier.

1776, 5 janvier : édits supprimant la corvée royale et les corporations (rétablies en août–septembre).
– 25 mars : ordonnance supprimant la vénalité pour les grades d'officiers.
– 12 mai : renvoi de Turgot. Necker lui succède.

1777 : La Fayette aux États–Unis aux côtés des insurgés américains.

1778
– 6 février : traité d'alliance franco–américain. Combats franco–anglais aux Antilles, en Inde et en Amérique à partir de juin.
– Necker crée une assemblée provinciale, pour contrôler l'impôt, dans le Berry (même chose en Haute–Guyenne en 1780).

1780, mai : la France décide d'envoyer une armée en Amérique avec Rochambeau.

1781
– Février : Necker publie son "Compte rendu au roi".
– 19 mai : démission de Necker.
– 22 mai : édit de Ségur, réservant aux nobles la carrière militaire.
– 19 octobre : victoire franco–américaine à Yorktown sur les Anglais.
– 21 novembre : mort de Maurepas.

1782, juillet : rétablissement de l'impôt du troisième vingtième.

1782–1783 : batailles franco–britanniques en Inde et aux Antilles.

1783, 4 février : armistice général proclamé en Amérique.
– 3 septembre : traité de Versailles, mettant fin à la guerre d'Indépendance américaine.
– 10 novembre : Calonne est nommé contrôleur général des Finances.
– Calonne accorde la construction d'un mur d'octroi à Paris, le "mur des fermiers généraux" (achevé en 1791).
– Création de l'École royale des Mines.

1785, avril : Calonne recrée la Compagnie française des Indes.

1785–1786 : affaire du collier de la reine.

1786
– Août : face à la dégradation de la situation financière, Calonne propose une profonde réforme fiscale.
– 26 septembre : signature d'un traité de commerce avec l'Angleterre, visant à l'abaissement des tarifs douaniers.
– Grèves et émeutes ouvrières à Lyon.
– Suppression de l'impôt du troisième vingtième.

1787
– 13 février : mort de Vergennes.
– 22 février : réunion d'une Assemblée des notables pour adopter le projet de Calonne. Hostilité des notables.
– 8 avril : démission de Calonne. Loménie de Brienne nommé chef du

conseil royal des finances (30 avril). Dissolution de l'Assemblée des notables.

– 17 juin : édit engageant une réforme administrative, généralisation des assemblées provinciales et municipales.

– 6 août : "lit de justice" convoqué par le roi face à l'hostilité du Parlement. Celui-ci est exilé le 15 août, mais Brienne le rappelle en septembre.

– Novembre : édit instituant un état civil protestant.

1788

– 8 mai : présentation de la réforme de Lamoignon, garde des Sceaux, visant à remplacer les parlements par des tribunaux d'appel. Révoltes des parlements, troubles en province (Rennes, Grenoble).

– 8 août : Brienne annonce la convocation des États généraux pour mai 1789.

– 25 août : démission de Loménie de Brienne, remplacé par Necker.

– Septembre : abandon de la réforme judiciaire, retraite de Lamoignon. Rappel du Parlement de Paris.

– 27 décembre : Louis XVI décide le doublement des députés du tiers état aux États généraux.

Camille Desmoulins au Palais-Royal.

PÉRIODE CONTEMPORAINE

1789
– Janvier–avril : émeutes et troubles à cause de la cherté du pain.
– Mars–mai : rédaction des cahiers de doléances et élection des députés aux États généraux.
– 5 mai : réunion des États généraux à Versailles.
– Mai : fondation du club des Jacobins.
– 17 juin : le tiers état se déclare Assemblée nationale.
– 20 juin : les députés du tiers état prêtent le serment du Jeu de paume.
– 9 juillet : l'Assemblée se déclare Assemblée nationale constituante.
– 11 juillet : renvoi de Necker par le roi Louis XVI.
– 13 juillet : formation à Paris d'une municipalité et d'une Garde nationale.
– 14 juillet : prise de la Bastille.
– 16 juillet : le roi rappelle Necker.
– Juillet–août : la "grande peur" dans les campagnes.
– 4 août : l'Assemblée constituante abolit les privilèges "nuit du 4 août".
– 26 août : vote de la Déclaration des droits de l'homme et du citoyen.
– Août : rétablissement de la libre circulation des grains.
– 5–6 octobre : le peuple parisien ramène le roi et sa famille à Paris.
– 2 novembre : les biens du clergé sont mis à la disposition de la nation.
– 19 décembre : création des assignats.
1790
– 26 février : création des départements.
– 17 avril : l'assignat devient papier–monnaie.
– 27 avril : création du club des Cordeliers.
– 12 juillet : vote de la Constitution civile du clergé.
– 14 juillet : fête de la Fédération à Paris.
– 4 septembre : démission de Necker.
– 24 novembre : l'Assemblée constituante impose aux prêtres le serment constitutionnel.
– Novembre : création des trois contributions directes, foncière, mobilière et patente (jusqu'en mars 1791).

1791

– 2 mars : loi d'Allarde abolissant les corporations.

– 11 mars–13 avril : le pape condamne la Constitution civile du clergé.

– 14 juin : loi Le Chapelier interdisant de reconstituer des associations professionnelles.

– 20–21 juin : fuite de la famille royale rattrapée à Varennes. Le roi est suspendu.

– 17 juillet : fusillade du Champ de mars contre une manifestation républicaine.

– Juillet : création du club des Feuillants.

– 27 août : déclaration de Pillnitz (mise en garde des puissances européennes à la Révolution française).

– 13 septembre : Louis XVI accepte la Constitution de 1791, après avoir été rétabli dans ses fonctions.

– 14 septembre : annexion d'Avignon.

– 1er octobre : séparation de la Constituante et première réunion de l'Assemblée législative.

– 9 novembre : décret de l'Assemblée contre les émigrés.

– 29 novembre : décret de l'Assemblée contre les prêtres réfractaires.

– Suppression des douanes intérieures et des traites.

1792

– Janvier–mars : troubles sociaux, agraires, contre–révolutionnaires dans plusieurs régions.

– 9 février : l'Assemblée décide la confiscation des biens des émigrés.

– 20 avril : la France déclare la guerre à l'Autriche.

– 27 mai : décret sur la déportation des prêtres réfractaires.

– 20 juin : le peuple parisien envahit les Tuileries et fait pression sur le roi pour qu'il retire son veto sur les décrets.

– 11 juillet : l'Assemblée déclare "la patrie en danger".

– 25 juillet : manifeste de Brunswick, chef des coalisés, menaçant Paris de représailles.

– 10 août : prise des Tuileries, chute de Louis XVI. La famille royale prisonnière au Temple.

– 22 août : émeutes royalistes en Vendée, Dauphiné, Bretagne.

– Août–septembre : invasion du nord–est de la France.

– Septembre : massacres dans les prisons.

– 20 septembre : réunion de la Convention après la séparation de l'Assemblée législative. – Laïcisation de l'État civil et institution du divorce. – Victoire de Valmy.

– 21 septembre : abolition de la royauté et proclamation de la République.

– Octobre : retraite des Prussiens. Les Français occupent Mayence et Francfort.

– 6 novembre : victoire de Jemmapes, Dumouriez conquiert la Belgique.

– 27 novembre : réunion de la Savoie à la France.

– 11 décembre : début du procès du roi.

1793

– 21 janvier : exécution de Louis XVI.

– Février–mars : déclaration de guerre à l'Angleterre, à la Hollande puis à l'Espagne; formation de la première coalition contre la France.

– 21 février : décret sur l'amalgame des volontaires et des troupes de ligne dans l'armée.

– 24 février : levée de 300.000 hommes.

– Février–avril : graves difficultés économiques et grand mécon– tentement.

– 10 mars : soulèvement de la Vendée. – Création du Tribunal révolutionnaire.

– 18 mars : défaite de Neerwinden. La Belgique est envahie. Trahison de Dumouriez (5 avril).

– 21 mars : institution des comités de surveillance.

– 28 mars : bannissement des émigrés.

– 6 avril : création du Comité de salut public.

– 11 avril : cours forcé de l'assignat.

– 31 mai–2 juin : chute des Girondins, les Montagnards au pouvoir.

– 24 juin : vote de la Constitution de l'an I.

– Juin–juillet : révolte fédéraliste girondine en Normandie, Provence, à Lyon, Bordeaux.

– 13 juillet : assassinat de Marat par Charlotte Corday.

– 17 juillet : abolition définitive des droits féodaux.

– 23 août : décret de levée en masse.

– 4–5 septembre : émeutes populaires à Paris.

– 6–8 septembre : victoire de Hondschoote sur les Anglais.

– 17 septembre : vote de la loi sur les suspects.

– 29 septembre : vote de la loi du Maximum général sur les denrées et les salaires.

– 5 octobre : établissement du calendrier révolutionnaire.

– 10 octobre : le gouvernement est déclaré révolutionnaire jusqu'à la paix.

– 16 octobre : exécution de la reine Marie–Antoinette. – Victoire de Wattignies sur les Autrichiens.

– 31 octobre : exécution des chefs girondins.

– Octobre–décembre : écrasement des Vendéens à Cholet, au Mans puis à Savenay.

– 24 novembre : le gouvernement décide la fermeture des églises.

– 4 décembre : décret organisant le fonctionnement du gouvernement révolutionnaire.

– 26 décembre : victoire du Geisberg.

1794

– 4 février : abolition de l'esclavage dans toutes les colonies françaises.

– 26 février–3 mars : décrets de ventôse mettant sous séquestre les biens des suspects.

– 24 mars : exécution des Hébertistes.

– 5 avril : exécution de Danton.

– 8 juin : fête de l'Etre suprême, "dictature" de Robespierre.

– 10 juin : décret de Prairial, début de la "grande terreur".

– 26 juin : victoire de Fleurus sur les Autrichiens.

– 27–28 juillet : chute et exécution de Robespierre.

– 1er août : abolition de la loi sur les suspects, fin de la Terreur.

– 24 août : réorganisation du gouvernement en seize comités.

– 24 septembre : création d'une École centrale des travaux publics.

– 30 octobre : création de l'École normale supérieure (supprimée en 1822, rétablie en 1826).

– 12 novembre : fermeture du club des Jacobins.

– 24 décembre : abolition du Maximum général.

1795

– Janvier–février : les Français conquièrent la Hollande.

– 17 février : accords de La Jaunaye, fin de la révolte vendéenne.

– 21 février : décret rétablissant la liberté des cultes et instituant la neutralité de l'État.

– 25 février : création des Écoles centrales (loi Lakanal).

– 1er avril–20 mai : soulèvements du peuple parisien dûs à de graves difficultés économiques et sociales.

– 5 avril : paix avec la Prusse.

– 7 avril : adoption du système métrique.

– 16 mai : traité d'alliance avec la Hollande.

– 31 mai : suppression du Tribunal révolutionnaire.

– Mai–juin : "Terreur blanche", poussée réactionnaire des ennemis de la Révolution dans le sud–est.

– 8 juin : mort du fils de Louis XVI, "Louis XVII", au Temple.

– 23 juin–21 juillet : échec d'un débarquement d'émigrés à Quiberon.

– 22 juillet : paix avec l'Espagne.

– 22 août : la Convention adopte la Constitution de l'an III (proclamée le 23 septembre).

– 1er octobre : annexion de la Belgique.

– 5 octobre : les royalistes écrasés par Bonaparte (13 Vendémiaire).

– 21 octobre : élections au Corps législatif.

– 25 octobre : loi Daunou sur l'enseignement.

– 26 octobre : séparation de la Convention et débuts du Directoire.

– 31 octobre : élection du Directoire exécutif.

1796

– 19 février : suppression des assignats.

– 27 février : fermeture du club du Panthéon.

– Février–mars : les Vendéens déposent les armes. Exécution de Charette le 29 mars.

– 18 mars : création des mandats–territoriaux.

– Mars : début de la campagne d'Italie de Bonaparte. Conquête du Piémont en mars–avril.

– 10 mai : conspiration des Égaux avec Babeuf (exécuté le 27 mai 1797).

Le pont d'Arcole.

- 16 mai : Bonaparte entre dans Milan.
- 5 août : victoire de Bonaparte à Castiglione.
- Août–septembre : défaites des armées françaises en Allemagne.
- 15–17 novembre : victoire de Bonaparte à Arcole.

1797
- 14 janvier : victoire de Bonaparte à Rivoli.
- 4 février : suppression des mandats–territoriaux.
- 19 février : traité de Tolentino avec le pape Pie VI, Avignon et le Comtat Venaissin sont cédés à la France.
- Mars–avril : victoire des royalistes aux élections au Corps législatif.
- Juin–juillet : abrogation des mesures contre les émigrés et les prêtres réfractaires.
- 4 septembre : coup d'État des Directeurs contre les royalistes (18 Fructidor).
- 5 septembre : rétablissement de mesures contre les émigrés et les prêtres réfractaires et censure de la presse.
- 30 septembre : banqueroute des deux–tiers, annulation des deux–tiers de la dette.
- 18 octobre : traité de Campo–Formio avec l'Autriche, elle reconnaît à la France la possession de la Belgique.

1798
- Janvier–février : prise de Rome et création de la République romaine.
- Mars–avril : élections au Corps législatif.
- 11 mai : coup d'État des Directeurs qui invalident les députés jacobins (22 Floréal).
- 19 mai : début de l'expédition d'Égypte de Bonaparte.
- 21 juillet : bataille des Pyramides, prise du Caire.
- 5 septembre : loi Jourdan sur la conscription.
- Septembre : formation de la deuxième coalition contre la France.
- 24 novembre : création de la contribution des portes et fenêtres.

1799
- Février–mai : occupation de la Syrie par Bonaparte.
- Mars–avril : élections au Corps législatif.
- Mars–août : défaites françaises, perte de l'Italie.
- 18 juin : coup d'État du 30 Prairial, les Conseils obligent deux directeurs à démissionner.
- Août–octobre : reprise de la lutte des royalistes dans l'ouest, la vallée du Rhône et le Midi.
- Septembre–octobre : victoires françaises en Suisse et en Hollande, recul des Autrichiens.
- 9 octobre : retour de Bonaparte en France.
- 9–10 novembre : coup d'État du 18 Brumaire, trois consuls provisoires (Bonaparte, Sieyès et Ducos) sont désignés par les Conseils.
- 24 novembre : création d'une administration des contributions directes.
- 25 décembre : mise en vigueur de la Constitution de l'an VIII, instau-

ration du Consulat, Bonaparte premier consul.

1800
- 7 février : résultats du plébiscite ratifiant la Constitution de l'an VIII.
- 13 février : création de la Banque de France.
- 17 février : création des préfets.
- 18 mars : loi réorganisant les tribunaux.
- 14 juin : victoire de Marengo sur les Autrichiens.
- 1er octobre : l'Espagne restitue la Louisiane à la France.
- 3 décembre : victoire de Hohenlinden sur les Autrichiens.
- 24 décembre : attentat de la rue Sainte-Nicaise contre Bonaparte.

1801
- 7 février : loi créant des tribunaux spéciaux.
- 9 février : traité de Lunéville avec l'Autriche qui reconnaît la rive gauche du Rhin à la France.
- 15 juillet : signature du Concordat entre Bonaparte et le pape Pie VII.
- 2 septembre : les Français évacuent l'Égypte.

1802
- 25 mars : traité d'Amiens avec l'Angleterre. Paix générale.
- 8 avril : vote des Lois Organiques pour l'application du Concordat.
- 26 avril : amnistie pour les émigrés.
- 1er mai : réorganisation de l'enseignement secondaire, création des lycées.
- 19 mai : création de la Légion d'honneur.
- 20 mai : rétablissement de l'esclavage dans les colonies.
- 2 août : sénatus-consulte instituant le consulat à vie après un plébiscite.
- 4 août : sénatus-consulte instituant la Constitution de l'an X.
- Septembre-octobre : annexion du Piémont et du duché de Parme par la France.

1803
- 28 mars : création du Franc germinal.
- 12 avril : loi réaffirmant l'interdiction des coalitions ouvrières et patronales.
- 14 avril : le privilège de l'émission des billets est confiée à la Banque de France.
- 3 mai : vente de la Louisiane aux États-Unis.
- Mai : rupture de la paix d'Amiens avec l'Angleterre.
- Juillet : organisation du camp de Boulogne pour envahir l'Angleterre.
- Octobre : traité de neutralité avec l'Espagne.
- 1er décembre : institution du livret ouvrier.

1804
- 25 février : création de contributions indirectes, les droits réunis.
- Février-mars : complot de Cadoudal (exécuté le 28 juin).
- 21 mars : exécution du duc d'Enghien. - Promulgation du Code civil.
- 18 mai : sénatus-consulte établissant l'Empire et promulguant la Constitution de l'an XII.

Arrestation de Georges Cadoudal.

– 19 mai : nomination des maréchaux d'Empire.

– 10 juillet : Joseph Fouché à nouveau ministre de la Police (il avait été limogé en septembre 1802).

– 2 décembre : couronnement de Napoléon Ier par le Pape Pie VII à Paris.

– Reconnaissance de l'indépendance d'Haïti.

1805

– 26 mai : Napoléon couronné roi d'Italie.

– Juillet–août : formation de la troisième coalition contre la France. Abandon du projet de débarquement en Angleterre.

– Septembre : Napoléon envahit l'Allemagne.

– 20 octobre : victoire d'Ulm sur les Autrichiens.

– 21 octobre : défaite de Trafalgar, destruction de la flotte française.

– 14 novembre : occupation de Vienne par les troupes françaises.

– 2 décembre : victoire d'Austerlitz sur les Russes et les Autrichiens.

– 15 décembre : traité de Schönbrunn avec l'Autriche.

– 26 décembre : traité de Presbourg avec l'Autriche, l'empereur François II renonce au titre d'empereur germanique.

– 31 décembre : fin du calendrier révolutionnaire et retour au calendrier grégorien.

1806

– 30 mars : Joseph Bonaparte devient roi de Naples.

– 4 avril : publication du Catéchisme impérial.

– 10 mai : création de l'Université impériale (elle se voit reconnaître le monopole de l'enseignement le 17 septembre 1808).

– 5 juin : Louis Bonaparte devient roi de Hollande.

– 1er juillet : dissolution du Saint–Empire romain germanique et création de la Confédération du Rhin.

– 1er octobre : formation de la quatrième coalition contre la France.

– 14 octobre : victoires d'Iena et d'Auerstadt sur les Prusses et les Russes.

– 27 octobre : prise de Berlin par les troupes françaises.

– 21 novembre : mise en place du blocus continental (renforcé par le décret du 17 novembre 1807).

– 27 novembre : prise de Varsovie par les troupes françaises.

1807

– 8 février : victoire d'Eylau sur les Russes.

– 2 mars : décrets sur le statut des Juifs.

– 14 juin : victoire de Friedland sur les Russes.

– 7–9 juillet : traités de Tilsitt avec la Russie, alliance entre Napoléon Ier et le tsar Alexandre Ier.

– 22 juillet : création du Grand duché de Varsovie.

– 11 août : Talleyrand quitte le ministère des Affaires étrangères.

– 18 août : Jérôme Bonaparte devient roi de Westphalie.

– 19 août : suppression du Tribunat.

– 11 septembre : publication du Code du commerce.

– 15 septembre : loi engageant les opérations du Cadastre général.

– 16 septembre : création de la Cour des comptes.

– Octobre : début de la conquête du Portugal (prise de Lisbonne le 30 novembre).

1808

– 2 février : occupation des États pontificaux par les Français.

– 1er mars : création de la noblesse impériale.

– Avril–mai : Napoléon Ier oblige le roi Charles IV d'Espagne à abdiquer en faveur de son frère, Joseph Bonaparte.

– Mai–juin : soulèvement de Madrid puis de l'Espagne contre les Français.

– 20 juillet : le nouveau roi Joseph fait son entrée à Madrid.

– 22 juillet : capitulation des Français à Bailen.

– 1er août : débarquement des Anglais au Portugal.

– 30 août : capitulation de Cintra face aux Anglais. Les Français abandonnent le Portugal.

– 12 octobre : convention d'Erfurt avec le tsar Alexandre Ier.

– 30 novembre : victoire de Napoléon à Somosierra sur les Espagnols insurgés.

1809

– 28 janvier : disgrâce de Talleyrand.

– Avril : entrée en guerre de l'Autriche et formation de la cinquième coalition contre la France.

– 22 avril : victoire à Eckmühl sur les Autrichiens.

– 12 mai : prise de Vienne par les Français.

– 12 juin : excommunication de Napoléon Ier par le pape Pie VII.

– 6 juillet : victoire de Wagram sur les troupes de la coalition. – Enlèvement du pape Pie VII par les Français.

– 28 juillet : victoire des Anglais sur l'armée française à Talavera en Espagne.

– 14 octobre : traité de Vienne avec l'Autriche.

– 29 novembre : victoire des Français à Ocana.

– 16 décembre : divorce de Napoléon et de Joséphine de Beauharnais.

– Conquête des Antilles françaises par les Anglais.

1810

– Février : démantèlement des États du pape (Rome réunie à la France). Promulgation du Code pénal.

– Février–mars : rétablissement de la censure et des prisons d'État.

– 2 avril : mariage de Napoléon Ier et de Marie–Louise d'Autriche.

– 3 juin : disgrâce de Fouché.

– 9 juillet : annexion de la Hollande à la France après la fuite de Louis Bonaparte, roi de Hollande.

– Octobre : mesures établissant un second Blocus continental.

– 31 décembre : rupture de l'alliance franco–russe.

– Décembre : la France compte 130 départements; apogée de l'Empire.

1811

– 20 mars : naissance du Roi de Rome, fils de Napoléon Ier.

– Mai : les Français évacuent le Portugal après la défaite de Fuentes de Onoro et plusieurs tentatives de reconquête en 1809–1810.

1812

– 4 mars : alliance franco–prussienne contre la Russie.

– 14 mars : alliance franco–autrichienne contre la Russie.

– Mars : disette en France.

– 8 mai : rétablissement du prix maximum pour les grains.

– 12 Juin : transfert du pape à Fontainebleau.

– 25 juin : Napoléon attaque la Russie.

– 5–7 septembre : bataille de la Moscowa.

– 14 septembre : prise de Moscou par les Français.

– 19 octobre : début de la retraite de Russie.

– 23 octobre : échec du complot du général Malet.

– 26–28 novembre : passage de la Bérézina.

1813

– 16 mars : la Prusse déclare la guerre à Napoléon. Révolte de l'Allemagne du nord. Formation de la sixième coalition contre la France.

– Mai : début de la campagne d'Allemagne, victoires françaises à Lützen et Bautzen. – Le roi Joseph quitte Madrid.

– 4 juin : armistice de Pleiswitz.

– 21 juin : défaite française à Vittoria contre les Anglais. Les Français évacuent progressivement l'Espagne.

– 12 août : l'Autriche déclare la guerre à la France et s'allie à la sixième coalition.

– 26–27 août : victoire française à Dresde.

– 8 octobre : les Anglais envahissent l'Aquitaine.

– Septembre–octobre : seconde campagne d'Allemagne, défaite française à Leipzig.

– Novembre : les Français se replient derrière le Rhin.

– 11 décembre : traité de Valençay, le roi d'Espagne Ferdinand VII est rétabli.

1814

– 1er janvier : début de la campagne de France; victoires de Napoléon Ier en février mais défaites en mars.

– Janvier : libération du pape Pie VII et restitution de son pouvoir temporel.

– 5 février–19 mars : congrès des alliés à Châtillon-sur-Seine.

– 31 mars : entrée des troupes alliées à Paris.

– 2 avril : le Sénat proclame la déchéance de Napoléon Ier.

– 6 avril : abdication de Napoléon Ier. Le Sénat offre le trône au comte de Provence, frère de Louis XVI.

– 11 avril : traité de Fontainebleau, Napoléon Ier roi de l'île d'Elbe.

– 20 avril : adieux de Napoléon à la garde impériale à Fontainebleau.

– 3 mai : le comte de Provence, Louis XVIII, est à Paris.

– 30 mai : premier traité de Paris, la France perd toutes ses conquêtes depuis 1792.

– 4 juin : publication de la Charte, par Louis XVIII, limitant le pouvoir royal.

– Septembre : ouverture du congrès de Vienne.

– 21 octobre : loi restrictive sur la presse.

1 8 1 5

– 1er mars : retour de Napoléon de l'île d'Elbe, le "vol de l'aigle".

– 20 mars : fuite de Louis XVIII à Gand, gouvernement de Napoléon. Début des "Cent–jours".

– 29 mars : abolition de la traite des esclaves noirs.

– 22 avril : promulgation de l'Acte additionnel aux constitutions de l'Empire.

– 9 juin : acte final du Congrès de Vienne.

– Juin : formation de la septième coalition contre la France.

– 18 juin : défaite de Napoléon à Waterloo.

– 22 juin : seconde abdication de Napoléon Ier, en faveur de son fils.

– Juin–septembre : "Terreur blanche" exercée par les bandes royalistes.

– 8 juillet : Louis XVIII de retour à Paris (seconde Restauration).

– 1er août : licenciement de l'armée impériale.

– 14–22 août : élection de la "Chambre introuvable" (victoire des ul-tra–royalistes).

– 24 septembre : le duc de Richelieu devient premier ministre.

– 26 septembre : constitution de la Sainte–Alliance en Europe.

– 16 octobre : Napoléon est à Sainte–Hélène.

– 20 novembre : second traité de Paris; occupation de la France, qui est ramenée à ses frontières de 1790.

1 8 1 6

– 12 janvier : la Chambre vote une loi d'amnistie générale pour les ré-volutionnaires.

– 28 avril : création de la Caisse des dépôts et consignations.

– 8 mai : abrogation du divorce par la Chambre.

– 5 septembre : dissolution de la Chambre par Louis XVIII.

– Octobre : nouvelles élections, victoire des conservateurs.

1816–1817 : crise frumentaire et émeutes.

1 8 1 7

– Février : nouvelle loi électorale censitaire.

– Juin : échec d'un complot bonapartiste à Lyon.

– 20 septembre : élections législatives, succès des libéraux.

1 8 1 8

– 10 mars : loi Gouvion–Saint–Cyr sur la conscription.

– Octobre : élections législatives, nouveau succès des libéraux.

– 30 novembre : retrait anticipé des troupes d'occupation de France.

– Décembre : démission du duc de Richelieu. Formation du ministère Dessolles.

1 8 1 9

– Mai–juin : lois libérales sur la presse, suppression de la censure et de l'autorisation préalable.

– 11 septembre : élections législatives, troisième succès des libéraux.

– Novembre : démission du ministère Dessolles, formation du ministère Decazes.

1 8 2 0

– 13 février : assassinat du duc de Berry, neveu du roi Louis XVIII.

– 21 février : second ministère Richelieu, après la démission de Decazes.

– Mars : vote de lois restreignant la liberté individuelle et rétablissant la censure et l'autorisation préalable pour la presse.

– 12 juin : nouvelle loi électorale, instaurant le double vote.

– novembre : élections législatives, nette victoire des ultra–conservateurs.

1 8 2 1

– 5 mai : mort de Napoléon Ier à Sainte–Hélène.

– Octobre : élections législatives, renforcement de la majorité ultra.

– Novembre–décembre : premiers complots de la Charbonnerie (société secrète républicaine).

– 15 décembre : formation du ministère Villèle, après la démission du duc de Richelieu.

1 8 2 2

– Mars : nouvelles mesures restrictives sur la presse.

– 21 septembre : exécution des "quatre sergents de La Rochelle", pour complot.

– Octobre : élections législatives.

– Champollion réussit à déchiffrer les hiéroglyphes.

1 8 2 3

– Avril : intervention militaire française en Espagne, après le renversement du roi Ferdinand VII.

– 24 décembre : dissolution de la Chambre des députés.

1 8 2 4

– Février–mars : élections législatives, victoire écrasante des ultras.

– 8 juin : la durée du service militaire est portée de six à huit ans.

– 16 septembre : mort du roi Louis XVIII. Son frère Charles X devient roi de France (sacré à Reims le 29 mai 1825).

– Création de l'École nationale des Eaux et Forêts.

1825, 21 avril : vote de la loi du milliard des émigrés.

1827, novembre : élections législatives anticipées après la dissolution de la Chambre; progrès de la gauche et victoire des opposants au gouvernement.

1 8 2 8

– 5 janvier : démission du ministère Villèle. Formation du ministère Martignac.

– 18 juillet : loi libérale sur la presse, supprimant l'autorisation préalable.

– Ouverture de la première ligne de chemin de fer entre Saint–Étienne et Andrézieux.

1829, 6 août : renvoi de Martignac par le roi Charles X. Formation du ministère Polignac le 8 août (gouvernement ultra).

1830

– 18 mars : adresse des 221 (députés) rappelant au roi les principes de la Charte et constatant leur opposition au gouvernement.

– 16 mai : dissolution de la Chambre par le roi Charles X.

– Juin–juillet : élections législatives, l'opposition libérale devient majoritaire.

– 5 juillet : prise d'Alger par les Français.

– 26 juillet : publication de quatre ordonnances par Charles X, restreignant les libertés individuelles et de la presse et dissolvant la Chambre.

– 27–28–29 juillet : révolution à Paris, les "Trois Glorieuses".

– 31 juillet : le duc d'Orléans devient lieutenant–général du royaume.

– 2 août : abdication de Charles X en faveur de son fils.

– 3 août : les Chambres révisent la Charte.

– 9 août : Louis–Philippe Ier devient roi des Français.

– 2 novembre : formation du ministère Laffitte.

1831

– 14 février : émeute anticléricale de Saint–Germain l'Auxerrois.

– 13 mars : ministère Périer après la démission du ministère Laffitte.

– 21 mars : loi sur l'élection des conseils municipaux.

– 22 mars : loi réformant la garde nationale.

– 15 avril : loi sur l'élection des députés.

– 5 juillet : élections à la Chambre des députés, victoire des conservateurs.

– Août : intervention militaire française en Belgique envahie par les Pays–Bas.

– Novembre : révolte des canuts lyonnais.

1832

– 3 mars : échec d'un complot légitimiste en faveur du duc de Bordeaux.

– 21 mars : loi sur le recrutement militaire, la durée du service militaire est réduite à sept ans.

– Mars–avril : épidémie de choléra à Paris.

– 16 mai : mort du chef de gouvernement, Casimir Périer.

– Mai–juin : tentative de soulèvement légitimiste de la duchesse de Berry en Vendée (arrêtée en novembre).

– 5–6 juin : émeute du cloître Saint–Merri à Paris (insurrection républicaine).

– 22 juillet : mort du duc de Reichstadt, fils de Napoléon Ier.

– 12 octobre : formation du ministère Soult. Début d'une instabilité gouvernementale.

1833

– 22 juin : loi sur l'élection des conseillers généraux.

– 28 juin : loi Guizot sur l'enseignement primaire.

1834

– Avril : émeutes républicaines à Lyon puis à Paris.

– 21 juin : élections législatives, triomphe des conservateurs.

– Création d'un gouvernement général des possessions françaises dans le nord de l'Afrique. Lutte contre Abd–el–Kader en Algérie jusqu'en 1847.

1835

– 28 juillet : tentative d'attentat contre le roi Louis–Philippe Ier.

– Septembre : lois répressives contre l'opposition républicaine.

1836

– Février : formation du ministère Thiers.

– Septembre : formation du ministère du comte Molé.

– 30 octobre : Louis–Napoléon Bonaparte, neveu de l'ex–empereur Napoléon Ier, tente de soulever la garnison de Strasbourg.

– 6 novembre : mort de l'ex–roi Charles X en exil.

1837

– 30 mai : traité de La Tafna avec Abd–el–Kader.

– 13 octobre : prise de Constantine en Algérie.

– Novembre : élections législatives.

1839

– 2 mars : élections législatives après la dissolution de la Chambre des députés.

– 12 mai : émeutes à Paris. – Formation du ministère Soult.

1840

– 1er mars : formation du ministère Thiers.

– Juin–septembre : grands mouvements de grèves.

– 6 août : nouvelle tentative de Louis–Napoléon Bonaparte à Boulogne. Il est emprisonné au fort de Ham.

– 15 octobre : nouvelle tentative d'attentat contre le roi Louis–Philippe Ier.

– 29 octobre : formation du ministère Soult–Guizot.

– 15 décembre : transfert des cendres de Napoléon Ier aux Invalides.

– Décembre : le général Bugeaud est nommé gouverneur général de l'Algérie.

1841, 22 mars : loi limitant le travail des enfants dans les manufactures.

1842

– 11 juin : loi sur les chemins de fer.

– 9 juillet : élections législatives.

– Protectorat français sur les îles Marquises, Wallis et Tahiti (sur les îles Gambier en 1844).

1843

– 16 mai : prise de la Smala d'Abd–el–Kader.

– Septembre : entrevue d'Eu entre Louis–Philippe Ier et la reine d'Angleterre Victoria.

– Occupation de l'île de Mayotte par les Français.

1844, août–septembre : guerre franco–marocaine, victoire du général Bugeaud sur les Marocains à Isly (14 août).

1846

– 25 mai : Louis–Napoléon Bonaparte s'évade de Ham.

– 1er août : élections législatives, victoire des conservateurs.

1846-1847 : crise économique et frumentaire.

1 8 4 7

– 9 juillet : début de la campagne des banquets, suite à l'interdiction des réunions politiques par le gouvernement.

– 26 novembre : Guizot est nommé président du Conseil des ministres.

– 23 décembre : soumission d'Abd–el–Kader en Algérie.

1 8 4 8

– 22–24 février : révolution à Paris à la suite de l'interdiction d'un banquet. Abdication de Louis–Philippe Ier en faveur de son petit–fils, le comte de Paris.

– 25 février : formation d'un gouvernement provisoire et proclamation de la République.

– 28 février : ouverture des Ateliers nationaux pour les chômeurs.

– Février–mars : rétablissement de la liberté d'expression.

– 2 mars : limitation de la journée de travail.

– 5 mars : rétablissement du suffrage universel pour les élections.

– 16 avril : manifestation populaire à Paris.

– 23–24 avril : élection de l'Assemblée constituante, victoire des modérés. Elle proclame officiellement la troisième République le 4 mai.

– 27 avril : abolition de l'esclavage aux colonies (V. Schœlcher).

– 10 mai : le gouvernement provisoire est remplacé par une commission exécutive.

– 15 mai : coup de force manqué des clubs révolutionnaires contre l'assemblée.

– 21 juin : décret de fermeture des Ateliers nationaux.

– 23–26 juin : insurrection populaire à Paris et répression (journées de juin). Démission de la commission exécutive.

– 28 juin : le général Cavaignac devient président du conseil.

– Juillet–août : décrets restrictifs sur la presse et les clubs.

– 24 août : décret sur le système postal mettant en vigueur le timbre.

– 9 septembre : loi fixant la durée du travail à douze heures par jour.

– 4 novembre : vote de la Constitution française (promulguée le 21 novembre).

– 10 décembre : élection présidentielle, victoire écrasante de Louis–Napoléon Bonaparte.

– 20 décembre : Louis–Napoléon Bonaparte prête serment comme président de la République. Formation du ministère Barrot.

1 8 4 9

– Avril–juillet : expédition militaire française à Rome pour réinstaller le pape.

– 13 mai : élection de l'Assemblée législative, victoire de la droite.

– 13 juin : manifestation de la gauche à Paris.

– 19 juin : loi donnant au gouvernement le droit d'interdire des clubs politiques (loi prorogée le 16 juillet 1850).

– 27 juillet : loi très restrictive sur la presse.

– 31 octobre : Louis–Napoléon Bonaparte forme le ministère Hautpoul.

1850

– 15 mars : vote de la loi Falloux sur l'enseignement.

– 31 mai : vote d'une loi restreignant le corps électoral.

– 8 juin : nouvelle loi restrictive sur la presse.

– 26 août : mort de l'ex–roi Louis–Philippe Ier en exil.

1851

– 19 juillet : l'Assemblée rejette le projet de révision de la Constitution permettant la réélection du président.

– 2 décembre : coup d'État de Louis–Napoléon Bonaparte. Dissolution de l'Assemblée législative et annonce de la préparation d'une nouvelle Constitution. Tentative de résistance à Paris et en province.

– 21 décembre : plébiscite ratifiant le coup d'État.

1852

– 14 janvier : promulgation de la nouvelle Constitution. Rétablissement du suffrage universel.

– 17 février : mise en place du régime des avertissements pour la presse.

– 29 février : élections au Corps législatif.

– 26 mars : décret sur les sociétés de secours mutuel.

– Septembre–octobre : voyages de Louis–Napoléon Bonaparte en province.

– 7 novembre : sénatus–consulte révisant la Constitution et établissant l'Empire.

– 21–22 novembre : plébiscite approuvant le rétablissement de l'Empire.

– 2 décembre : proclamation de l'Empire, Louis–Napoléon Bonaparte devient Napoléon III.

1853

– 29 janvier : mariage de Napoléon III et d'Eugènie de Montijo.

– 9 juin : loi instituant une caisse de retraite pour les fonctionnaires.

– 1er juillet : Haussmann nommé préfet de la Seine.

– Occupation de la Nouvelle–Calédonie par les Français.

1854

– 27 mars : déclaration de guerre à la Russie pour soutenir l'Empire ottoman.

– 14 juin : loi sur l'enseignement.

– 22 juin : loi renouvelant l'obligation du livret pour les ouvriers.

– 14 septembre : débarquement franco–anglais en Crimée. Victoire de l'Alma (20 septembre). Début du siège de Sébastopol.

– Épidémie de choléra en France.

– Le général Faidherbe nommé gouverneur du Sénégal.

1855

– 26 avril : loi sur le recrutement militaire.

– 10 septembre : prise de Sébastopol par les Franco–Anglais.

– Exposition universelle à Paris.

1856

– 16 mars : naissance du prince impérial Eugène, fils de Napoléon III.

– 30 mars : traité de Paris, fin de la guerre de Crimée.

1857

– 21 juin : élections au Corps législatif, après sa dissolution le 29 avril.

– Soumission de la Kabylie en Algérie.

1858

– 14 janvier : attentat d'Orsini contre Napoléon III. Il est exécuté le 13 mars.

– 19 février : vote de la loi de sûreté générale.

– 21 juillet : entrevue de Plombières entre Napoléon III et Cavour, premier ministre du Piémont.

– Début de l'occupation de l'Annam en Indochine par les Français.

1859

– 18 février : occupation de Saïgon par les Français.

– 3 mai : déclaration de guerre à l'Autriche. Début de la Guerre d'Italie.

– 4 juin : victoire de Magenta sur les Autrichiens

– 24 juin : victoire de Solférino sur les Autrichiens.

– 12 juillet : préliminaires de paix de Villafranca.

– 15 août : décret d'amnistie générale des condamnés politiques.

– 10 novembre : traité de Zurich avec l'Autriche mettant fin à la guerre d'Italie. Le Piémont annexe la Lombardie.

1860

– 23 janvier : signature d'un traité de libre–échange avec la Grande–Bretagne.

– 24 mars : rattachement de la Savoie et Nice à la France (traité de Turin).

– 24 novembre : décret donnant au Corps législatif et au Sénat le droit d'adresse.

1862

– 5 juin : traité de Saïgon, annexion de la basse–Cochinchine en Indochine.

– Expédition franco–anglo–espagnole au Mexique pour défendre leurs intérêts économiques. La France poursuit seule la lutte (échec devant Puebla en mai 1862).

1863

– 23 mai : loi autorisant les sociétés à responsabilité limitée.

– 31 mai : élections au Corps législatif, progrès de l'opposition.

– 7 juin : les Français s'emparent de Mexico.

– 18 octobre : Rouher nommé ministre d'État.

– Protectorat français sur le Cambodge.

1864

– 11 janvier : discours de Thiers sur les "libertés nécessaires". Opposition parlementaire, fondation du "tiers parti".

– 25 mai : loi autorisant la coalition des ouvriers et accordant le droit de grève.

– 12 juin : arrivée de Maximilien, frère de l'empereur d'Autriche, au Mexique; il est proclamé empereur.

– Fondation de la Société générale.

1865, octobre : entrevue de Biarritz entre Napoléon III et Bismarck.

– Épidémie de choléra.

– Loi introduisant le chèque en France.

1866

– Janvier : projets de réforme du "tiers parti" vers plus de libéralisme.

– Août : Napoléon III demande des "pourboires" pour sa politique extérieure bienveillante envers la Prusse.

1867

– 19 janvier : Napoléon III annonce des réformes libérales. Rétablissement du droit d'interpellation.

– Février : évacuation des troupes françaises du Mexique. Maximilien est exécuté le 19 juin.

– 14 mars : sénatus–consulte accroissant les pouvoirs du Sénat.

– 24 juillet : loi sur les sociétés anonymes.

– 10 août : loi sur l'instruction primaire.

– Novembre : expédition militaire française à Rome pour protéger le pape Pie IX.

– Exposition universelle à Paris.

1868

– 14 janvier : loi Niel sur la réorganisation de l'armée.

– 11 mai : loi libérale sur la presse, supprimant l'autorisation préalable et les avertissements.

– 6 juin : loi accordant la liberté de réunion.

1869

– 24 mai : élections au Corps législatif (programme de Belleville de Gambetta), forts progrès de l'opposition.

– 12 juillet : démission de Rouher.

– 8 septembre : sénatus–consulte donnant des pouvoirs accrus au Corps législatif.

– 17 novembre : inauguration du canal de Suez par l'impératrice Eugénie.

1870

– 2 janvier : formation du ministère Ollivier.

– 20 avril : sénatus–consulte modifiant le régime dans un sens parlementaire.

– 8 mai : plébiscite approuvant les réformes libérales.

– 21 mai : sénatus–consulte instaurant l'Empire libéral.

– 13 juillet : dépêche d'Ems, envoyée par Bismarck, premier ministre prussien, à Napoléon III.

– 19 juillet : la France déclare la guerre à la Prusse.

– Août : défaites françaises face aux Prussiens à Wissembourg, Forbach et Froeschwiller.

– 2 septembre : Napoléon III, encerclé à Sedan, capitule.

– 4 septembre : l'Assemblée proclame la déchéance de Napoléon III et l'établissement de la République. Formation d'un gouvernement provisoire.

– 19 septembre : début du siège de Paris.

– Décembre : le gouvernement se replie à Bordeaux.

1871,

– Janvier : défaites des armées françaises face aux Prussiens.

– 28 janvier : capitulation de Paris. Armistice franco–prussien.

– 8 février : élection de l'Assemblée nationale, victoire des conservateurs. Réunion de l'Assemblée à Bordeaux.

– 17 février : l'Assemblée nomme Louis Adolphe Thiers, chef du pouvoir exécutif de la République française.

– 18 mars : révolte du peuple parisien, début de la commune de Paris. Thiers s'installe à Versailles, puis l'Assemblée.

– 16 avril : loi sur l'élection des conseils municipaux.

– Avril–juillet : lois sur la presse.

– 10 mai : traité de Francfort avec la Prusse, la France perd l'Alsace–Lorraine.

– 21–28 mai : "semaine sanglante" massacre des derniers communards à Paris. Fin de la Commune.

– 5 juillet : publication du manifeste du comte de Chambord, échec de la fusion royaliste.

– 29 août : loi sur l'organisation des conseils généraux.

– 31 août : l'Assemblée se proclame constituante. Thiers est nommé président de la République.

1872, 27 juillet : loi sur le recrutement militaire, qui pose le principe d'un service militaire obligatoire de cinq ans.

1873

– 7 janvier : mort de l'ex–empereur Napoléon III en exil.

– 24 mai : démission de Thiers. Le maréchal de Mac–Mahon est élu président de la République.

– 24 juillet : vote d'une loi sur la réorganisation générale de l'armée.

– 16 septembre : fin de l'occupation allemande.

– Septembre–octobre : échec d'une tentative de restauration monarchique avec le comte de Chambord.

– 20 novembre : vote de la loi du septennat. Mac–Mahon président pour sept ans.

v. 1873–1896 : "grande dépression", période de crise économique et sociale.

1874

– 20 janvier : loi modifiant l'élection des maires dans les communes.

– 14 mars : traité avec l'empereur d'Annam qui reconnaît la Cochinchine à la France.

– 19 mai : loi limitant le travail des enfants.

1875, 30 janvier : vote de l'amendement Wallon sur la République, naissance officielle de la troisième République.

– Février–juillet : vote des lois constitutionnelles.

– Création de l'École de guerre.

Siège de Paris en 1870.

1876

– Février–mars : élections législatives, succès des républicains.

– 12 décembre : formation du gouvernement Jules Simon.

1877, 16 mai : renvoi du ministère Jules Simon par Mac–Mahon.

– 25 juin : dissolution de l'Assemblée nationale par le président Mac–Mahon.

– 14–28 octobre : élections législatives, victoire des républicains.

1878, mai : lancement du plan Freycinet pour le développement des chemins de fer.

– Exposition universelle à Paris.

1879, 30 janvier : démission du président Mac–Mahon. Jules Grévy est élu président de la République.

– 9 août : loi P. Bert visant à créer des Écoles normales.

1880, février–mars : lois sur la liberté de l'enseignement supérieur.

– 29 mars : décrets contre les congrégations non autorisées.

– Juillet : amnistie pour les communards.

– 23 septembre : formation du ministère Jules Ferry.

– 21 décembre : loi sur l'enseignement secondaire des jeunes filles.

– Création du Parti ouvrier français par Jules Guesde.

1881

– 12 mai : traité du Bardo instaurant un protectorat sur la Tunisie.

– 16 juin : loi Ferry sur la gratuité de l'enseignement primaire.

– 30 juin : loi sur les réunions publiques.

– 29 juillet : loi libérale sur la presse.

– Août–septembre : élections législatives, poussée de la gauche.

– 14 novembre : formation du ministère Léon Gambetta (jusqu'au 26 janvier 1882).

1882

– 19 janvier : krach de l'Union générale, banque d'affaires.

– 4 mars : loi sur l'élection des conseils municipaux (complétée par le loi du 5 avril 1884).

– 28 mars : loi Ferry sur l'école primaire obligatoire et laïque.

1883

– 21 février : nouveau ministère Jules Ferry.

– 24 août : mort du comte de Chambord. Extinction de la branche royale des Bourbons.

– 25 août : traité de Hué, protectorat français sur l'Annam et le Tonkin.

1884

– 21 mars : loi Waldeck–Rousseau autorisant les syndicats professionnels.

– 27 juillet : loi Naquet rétablissant le divorce.

1885

– 30 mars : démission de Jules Ferry après la défaite de Lang–Son en Indochine.

– 9 juin : traité de Tien–tsin, la Chine reconnaît le protectorat français sur le Viêt–nam.

– 6 juillet : Pasteur inocule le premier vaccin contre la rage.

– 4–18 octobre : élections législatives, victoire de la gauche républicaine.

– 28 décembre : Jules Grévy est réélu président de la République.

1886

– 7 janvier : le général Boulanger devient ministre de la guerre.

– 30 octobre : loi laïcisant le personnel des écoles publiques.

– Octobre : constitution d'une Fédération nationale des chambres syndicales.

1887

– Avril : affaire Schnaebelé, crise franco–allemande.

– 30 mai : éviction du général Boulanger du gouvernement.

– Octobre : création de l'Union indochinoise pour les protectorats d'Indochine.

– 2 décembre : démission du président Grévy après le scandale des décorations. Sadi Carnot est élu président de la République le 3 décembre.

1888

– 27 mars : le général Boulanger est mis à la retraite.

– Décembre : premier emprunt russe sur la place de Paris.

1889

– 27 janvier : le général Boulanger est élu à Paris lors d'une élection législative partielle.

– 4 février : liquidation de la Compagnie du Canal de Panama.

– 13 février : rétablissement du scrutin d'arrondissement pour les élections législatives.

– 1er avril : fuite de Boulanger en Belgique. Il y meurt en septembre 1891.

– 15 juillet : vote de la loi réduisant le service militaire à trois ans.

– Septembre–octobre : élections législatives, effondrement du boulangisme.

– Exposition universelle à Paris. Construction de la Tour Eiffel.

1890,

– 17 mars : quatrième gouvernement Freycinet (jusqu'au 19 février 1892).

– 9 octobre : premier vol en aéroplane de Clément Ader.

– Suppression du livret ouvrier.

1891

– 1er mai : incidents de Fourmies, répression d'une manifestation ouvrière.

– 15 mai : encyclique *Rerum novarum* du pape Léon XIII, définissant la doctrine sociale de l'Église.

– Fondation de la colonie du Congo français.

1892

– 11 janvier : adoption du tarif protectionniste Méline.

– 20 février : encyclique papale *Au milieu des sollicitudes,* engageant les catholiques français à se rallier à la République.

– Février : création de la Fédération des Bourses du travail.

– Juillet : signature d'une convention militaire franco–russe.

– 2 novembre : loi limitant le travail des femmes et des enfants.
1893
– Mars : conclusion du procès de Panama, dans lequel de nombreux hommes politiques sont compromis.
– Août–septembre : élections législatives, victoire des républicains modérés.
– Établissement d'un protectorat sur le Laos, qui entre dans l'Union indochinoise.
1894
– 24 juin : assassinat du président de la République Sadi Carnot par un anarchiste italien, Caserio. Jean Casimir–Périer est élu président de la République le 27 juin.
– Juillet : vote des "lois scélérates" contre les anarchistes.
– Septembre : début de l'affaire Dreyfus, militaire français soupçonné d'espionnage au profit de l'Allemagne.
– Décembre : Dreyfus est condamné à la déportation.
1895
– 15 janvier : démission du président Casimir–Périer. Félix Faure est élu président de la République le 17.
– Septembre : création du syndicat C.G.T. au Congrès de Limoges.
– 1er octobre : traité de protectorat sur Madagascar.
– Premier appareil cinématographique des frères Lumière.
– Création du gouvernement général de l'Afrique occidentale française (A.O.F.).
1896
– 29 avril : formation du gouvernement Jules Méline (jusqu'au 15 juin 1898).
– 10 juillet : loi relative à la constitution des universités.
– Août : annexion de Madagascar puis déportation de la reine Ranavalona III (en 1897).
1897 : l'Union indochinoise devient le Gouvernement général de l'Indochine.
1898
– 13 janvier : Émile Zola publie dans l'Aurore, "J'accuse", texte en faveur de Dreyfus.
– 9 avril : loi établissant la responsabilité patronale pour les accidents du travail.
– 11 avril : loi sur les sociétés de secours mutuel.
– 8–22 mai : élections législatives.
– 28 juin : Théophile Delcassé devient ministre des Affaires étrangères (jusqu'en juin 1905).
– Septembre–novembre : affaire de Fachoda au Soudan, Marchand recule devant les Britanniques.
– Découverte du radium par Pierre et Marie Curie.
1899
– 16 février : mort du président Felix Faure. Émile Loubet est élu président de la République le 18 février.

– 23 février : tentative de coup d'État de Paul Déroulède.

– Avril : fondation de l'Action Française.

– 3 juin : la condamnation d'Alfred Dreyfus est cassée.

– 22 juin : formation du gouvernement Waldeck–Rousseau, de "défense républicaine".

– Août–septembre : second procès d'Alfred Dreyfus, il est condamné puis gracié.

1900

– Juin : Jeux Olympiques à Paris.

– Juin–septembre : la France participe à l'expédition internationale lancée pour mater la révolte des Boxers à Pékin.

– Juillet : inauguration de la première ligne du métropolitain à Paris.

– 30 septembre : loi Millerand abaissant la durée du travail à onze heures.

– 16 décembre : accord secret avec l'Italie sur le Maroc.

– Exposition universelle à Paris.

1901

– 21–23 juin : création du Parti républicain radical et radical–socialiste.

– 1er juillet : loi sur les associations.

– Octobre : création de l'Alliance républicaine démocratique.

1902

– Avril–mai : élections législatives, victoire du bloc des gauches.

– 6 juin : formation du gouvernement Émile Combes.

– Juin–juillet : fermeture des Écoles congréganistes non autorisées.

– Juillet : accord secret de neutralité franco–italien.

1903

– Juillet : premier Tour de France cycliste.

– Henri Becquerel, Pierre et Marie Curie, prix Nobel de physique.

1904, 8 avril : accord colonial franco–anglais, début de l'Entente cordiale.

– Avril : création du journal l'Humanité par Jean Jaurès.

– 7 juillet : loi interdisant l'enseignement à toutes les congrégations.

– 30 juillet : rupture des relations diplomatiques avec le Vatican.

1904–1907 : vague importante de grèves ouvrières et de manifestations.

1905

– 18 janvier : démission du gouvernement Émile Combes. Formation du gouvernement Maurice Rouvier le 24 janvier.

– 21 mars : loi ramenant le service militaire à deux ans.

– 31 mars : l'empereur allemand Guillaume II se rend à Tanger au Maroc, crise franco–allemande.

– 23–25 avril : congrès constitutif de la S.F.I.O. à Paris.

– 29 juin : loi abaissant à huit heures la journée de travail dans les mines.

– 13 juillet : loi d'assistance obligatoire aux vieillards, infirmes.

– 9 décembre : loi de séparation de l'Église et de l'État. Fin du régime concordataire de 1801.

1 9 0 6

– 17 janvier : Armand Fallières est élu président de la République.

– Janvier–avril : conférence d'Algésiras sur le Maroc.

– Février : le pape Pie X condamne la loi de séparation de l'Église et de l'État. Début des inventaires des biens de l'Église.

– 10 mars : catastrophe de la mine de Courrières.

– 6–20 mai : élections législatives, victoire des radicaux.

– 12 juillet : réhabilitation d'Alfred Dreyfus.

– 13 juillet : loi sur le repos hebdomadaire obligatoire.

– 25 octobre : formation du gouvernement Georges Clémenceau.

– Octobre : congrès de la C.G.T. à Amiens, adoption de la "Charte d'Amiens".

1 9 0 7

– 2 janvier : loi sur la dévolution des biens cultuels.

– Avril–juin : troubles viticoles en Languedoc.

– Conclusion de la Triple Entente entre la France, le Royaume–Uni et la Russie.

1908, Juin–juillet : grèves et affrontements à Draveil et Villeneuve Saint–Georges.

1 9 0 9

– 9 février : accord avec l'Allemagne sur le Maroc.

– Mars : refus d'accorder le droit de grève aux fonctionnaires.

– 24 juillet : formation du gouvernement Aristide Briand.

– 25 juillet : Louis Blériot traverse la Manche en avion.

1 9 1 0

– 5 avril : loi sur les retraites ouvrières et paysannes.

– Avril–mai : élections législatives, maintien des radicaux.

– Création du gouvernement général de l'Afrique équatoriale française (A.E.F.).

1 9 1 1

– 27 juin : formation du gouvernement Joseph Caillaux.

– 1er juillet : coup de force allemand à Agadir au Maroc.

– 4 novembre : traité avec l'Allemagne sur le Maroc et le Congo.

– Marie Curie, prix Nobel de chimie.

1 9 1 2

– 14 janvier : formation du gouvernement Raymond Poincaré.

– 30 mars : traité de protectorat de la France sur le Maroc.

1 9 1 3

– 17 janvier : Raymond Poincaré est élu président de la République.

– 7 août : adoption définitive de la loi portant de deux à trois ans le service militaire.

– 23 septembre : Roland Garros traverse la Méditerranée en avion.

– 9 décembre : formation du gouvernement Gaston Doumergue.

1 9 1 4

– 16 mars : Mme Caillaux tue le directeur du Figaro, Gaston Calmette.

– 26 avril–10 mai : élections législatives, victoire de la gauche.

– 13 juin : formation du gouvernement René Viviani.

– 28 juin : attentat de Sarajevo en Bosnie–Herzégovine contre l'héritier du trône d'Autriche–Hongrie, François–Ferdinand.

– 7 juillet : lancement d'un emprunt par l'État.

– 15 juillet : le Parlement adopte l'institution de l'impôt sur le revenu.

– 31 juillet : assassinat du dirigeant socialiste Jean Jaurès. Ultimatum allemand à la France.

– 1er août : la France décrète la mobilisation générale.

– 3 août : l'Allemagne déclare la guerre à la France.

– 26 août : remaniement du gouvernement, "l'Union sacrée".

– Août–septembre : retraite française sur tout le front, défaites dans la bataille des frontières.

– 2 septembre : le gouvernement se réfugie à Bordeaux.

– 6–10 septembre : contre–offensive française, bataille de la Marne.

– Septembre–novembre : "course à la mer", le front s'étend vers l'ouest.

– 1er novembre : la Turquie entre en guerre du côté des Empires centraux.

– Novembre : stabilisation du front de la mer du Nord à la Suisse, début de la guerre de tranchées.

– Décembre : le gouvernement et le Parlement regagnent Paris.

1915

– 19 février : début de l'opération franco–anglaise aux Dardanelles (échec le 18 mars).

– Février–mars : offensive française en Champagne.

– 22 avril : premier emploi du gaz par les Allemands à Ypres.

– Mai–juin : offensive française en Artois.

– 5–8 septembre : conférence des partis socialistes à Zimmerwald.

– Septembre–octobre : offensive française en Champagne et Artois.

– 6 octobre : débarquement franco–anglais à Salonique en Grèce.

– 29 octobre : démission du gouvernement Viviani. Formation du gouvernement Aristide Briand le 30 octobre.

– Novembre : lancement par l'État du premier emprunt de la Défense nationale.

– 2 décembre : le général Joseph Joffre est nommé commandant en chef des armées françaises.

– 6–8 décembre : conférence interalliée de Chantilly, adoption du principe des offensives simultanées.

1916

– 21 février : début de l'offensive allemande à Verdun (jusqu'en juin 1916).

– 20–24 avril : conférence des partis socialistes à Kienthal.

– Juillet–octobre : offensive franco–anglaise sur la Somme.

– Octobre : lancement par l'État du deuxième emprunt de la Défense nationale.

– 12 décembre : le général Robert Nivelle remplace le général Joffre à la tête des armées françaises.

– 13 décembre : remaniement du gouvernement Briand.

1917

– 1er février : l'Allemagne déclare la guerre sous–marine à outrance.

– 8–15 mars : Révolution en Russie. Abdication de Nicolas II.

– 17 mars : démission du gouvernement Briand. Formation du gouvernement Alexandre Ribot le 20 mars.

– 2 avril : entrée en guerre des États–Unis.

– Avril–mai : offensive française sur le Chemin des dames.

– 15 mai : le général Philippe Pétain remplace le général Nivelle à la tête des armées françaises.

– Mai–juin : mutineries dans l'armée française et grandes grèves ouvrières.

– 28 juin : débarquement de la première division américaine en France.

– 12 septembre : formation du gouvernement Paul Painlevé, fin de "l'Union sacrée".

– 25 septembre : conférence franco–anglaise de Boulogne sur l'unité de commandement.

– 6–7 novembre : Révolution en Russie, prise du pouvoir par les Bolchéviks.

– 16 novembre : formation du gouvernement Georges Clémenceau après le renversement du gouvernement Painlevé.

– Novembre : lancement pat l'État du troisième emprunt de la Défense nationale.

1918

– 8 janvier : le président américain Thomas Wilson expose ses "quatorze points" (mesures nécessaires au mantien de la paix).

– 3 mars : traité de Brest–Litovsk entre la Russie et l'Allemagne, la Russie se retire de la guerre.

– 21 mars–5 avril : offensive allemande sur la Somme.

– 26 mars : le général Foch devient commandant en chef des forces alliées (conférence de Doullens).

– Mars–mai : importants mouvements de grèves dans les usines d'armement.

– 9 avril–1er mai : offensive allemande en Flandre.

– 27 mai–5 juin : offensive allemande sur le Chemin des dames.

– 15 juillet : offensive allemande en Champagne.

– 18 juillet : contre–offensive française, deuxième bataille de la Marne.

– 8 août : offensive alliée en Picardie.

– Septembre : offensive générale des Alliés, recul allemand.

– Octobre : lancement par l'État du quatrième emprunt de la Défense nationale (emprunt de la victoire).

– Octobre–novembre : grave épidémie de grippe espagnole.

– 9 novembre : révolution en Allemagne, abdication de l'empereur Guillaume II.

– 11 novembre : signature de l'armistice à Rethondes, fin de la première guerre mondiale.

1919

– 18 janvier : ouverture de la Conférence de la paix à Paris.

– 31 mars : loi sur les pensionnés de guerre.

– Mars–juin : le Parlement vote une modification de la loi électorale (retour à la proportionnelle pour les élections législatives).

– 19–21 avril : mutinerie sur les navires français en mer Noire (intervention française contre les Bolcheviks).

– 23 avril : loi sur la journée de huit heures.

– 28 juin : signature du traité de Versailles avec l'Allemagne.

– 10 septembre : signature du traité de Saint–Germain–en–Laye avec l'Autriche.

– 1er–2 novembre : fondation du syndicat C.F.T.C.

– 16 novembre : élections législatives, victoire du Bloc national (chambre "bleu horizon").

– 27 novembre : signature du traité de Neuilly avec la Bulgarie.

1920

– 10 janvier : création de la Société des Nations (S.D.N.).

– 17 janvier : Paul Deschanel est élu président de la République.

– 18 janvier : démission du gouvernement Georges Clémenceau. Formation du gouvernement Alexandre Millerand le 20 janvier.

– Février–mai : vague de grèves importante.

– 4 juin : signature du traité de Trianon avec la Hongrie.

– 5–16 juillet : conférence de Spa sur le problème des réparations de guerre allemandes. Le montant et les modalités de paiement sont fixés à la conférence de Londres en mai 1921.

– 31 juillet : loi réprimant l'avortement.

– 10 août : signature du traité de Sèvres avec la Turquie.

– 21 septembre : démission du président Paul Deschanel. Alexandre Millerand est élu président de la République le 24 septembre.

– 11 novembre : mise en place de la tombe du Soldat inconnu à l'Arc de triomphe à Paris.

– 25–30 décembre : scission de la S.F.I.O. au congrès de Tours et création du Parti communiste français (P.C.F.).

1921

– 16 janvier : formation du gouvernement Aristide Briand.

– 22–24 décembre : scission du syndicat C.G.T. et création de la C.G.T.U.

1922

– 12 janvier : démission du gouvernement Aristide Briand. Formation du gouvernement Raymond Poincaré le 15 janvier.

– 12 juillet : l'Allemagne demande un moratoire pour le paiement des réparations de guerre.

1923

– 11 janvier : l'armée française occupe la Ruhr.

– 1er avril : loi réduisant la durée du service militaire à dix–huit mois.

1924

– 9 avril : plan Dawes sur les réparations de guerre allemandes.

– 11 mai : élections législatives, victoire du Cartel des gauches.

– Mai : reprise des relations diplomatiques avec le Vatican.

– 11 juin : démission du président Alexandre Millerand. Gaston Doumergue est élu président de la République le 13 juin.

– 15 juin : formation du gouvernement Édouard Herriot. Crise financière, spéculation contre le franc.

– Juillet : Jeux Olympiques à Paris.

– 28 octobre : la France reconnaît l'U.R.S.S.

1925

– 10 avril : démission du gouvernement Herriot. Formation du gouvernement Paul Painlevé le 17 avril.

– Avril : Abd–el–Krim attaque des postes français au Maroc. Intervention militaire française en juillet.

– Juillet : l'armée française évacue la Ruhr.

– 5–16 octobre : conférence de Locarno, garantie des frontières ouest-européennes.

– 28 novembre : formation du gouvernement Aristide Briand.

1926

– Mai : reddition d'Abd–el–Krim au Maroc.

– 19 juillet : gouvernement Herriot, nouvelle crise du franc.

– 21 juillet : démission du gouvernement Herriot, formation du gouvernement Raymond Poincaré le 23 juillet. Stabilisation du franc.

1927

– Juin : modification de la loi électorale pour les élections législatives.

– Novembre : fondation des Croix–de–Feu, organisation d'anciens combattants.

1928

– 16 mars : loi sur les assurances sociales obligatoires dans l'industrie et le commerce.

– 31 mars : loi abaissant la durée du service militaire à un an.

– 22–29 avril : élections législatives, victoire des "poincaristes".

– 25 juin : le franc est rattaché à l'or.

– 13 juillet : loi Loucheur sur les habitations à bon marché.

– 27 août : signature du pacte Briand–Kellogg, mettant la guerre "hors-la–loi".

– Novembre : les radicaux quittent le gouvernement Poincaré.

1929

– 7 juin : plan Young sur les réparations de guerre allemandes.

– 26 juillet : démission de Raymond Poincaré de la tête du gouvernement pour raisons de santé. Formation du gouvernement Aristide Briand.

– Août : Aristide Briand propose la formation d'une Union fédérale européenne.

– 24 octobre : krach boursier de Wall Street aux États–Unis.

– 3 novembre : formation du gouvernement André Tardieu.

– Décembre : vote de la loi sur la construction de la ligne Maginot.

1930

– 16 avril : vote de la loi sur la retraite du combattant.

– 30 juin : évacuation définitive de l'Allemagne par les troupes alliées.

– 1er juillet : application de la loi sur les assurances sociales.
1931
– 26 janvier : formation du gouvernement Pierre Laval.
– 6 mai : ouverture de l'Exposition coloniale à Vincennes.
– 13 mai : Paul Doumer est élu président de la République.
– 20 juin : moratoire Hoover sur les réparations et les dettes.
– La France est touchée par la crise économique mondiale.
1932
– 16 février : démission du gouvernement Pierre Laval. Formation du gouvernement André Tardieu le 20 février.
– 11 mars : loi sur les allocations familiales pour tous les salariés.
– 1er–8 mai : élections législatives, victoire de la gauche.
– 6 mai : assassinat du président de la République Paul Doumer par un russe, Gorgoulov. Albert Lebrun est élu président le 10 mai.
– 3 juin : formation du gouvernement Édouard Herriot.
– Juin–juillet : conférence de Lausanne, abandon des réparations de guerre allemandes.
– 14 décembre : chute du gouvernement Herriot. Instabilité ministérielle jusqu'en février 1934.
1933
– 30 janvier : Hitler devient chancelier en Allemagne.
– Forte agitation, grèves dues à la crise sociale.
1934
– Janvier : déclenchement de l'affaire Stavisky.
– 6 février : manifestation des Ligues d'extrême droite place de la Concorde à Paris qui tourne à l'émeute.
– 7 février : démission du gouvernement Édouard Daladier. Formation du gouvernement Gaston Doumergue "d'union nationale" le 9 février.
– 3 mars : création du Comité de vigilance des intellectuels antifascistes.
– 27 juillet : pacte d'unité d'action entre la S.F.I.O. et le P.C.F.
– 9 octobre : assassinat à Marseille du roi de Yougoslavie Alexandre Ier et du ministre français des Affaires étrangères Louis Barthou par des terroristes croates.
– 7 novembre : démission du gouvernement Gaston Doumergue. Instabilité ministérielle jusqu'en juin 1936.
1935
– 7 janvier : accord franco–italien.
– 13 janvier : plébiscite dans la Sarre, rattachée à l'Allemagne le 1er mars.
– 15 mars : décret–loi allongeant la durée du service militaire à dix–huit mois.
– 11–14 avril : conférence de Stresa, opposition à toute violation du traité de Versailles.
– 2 mai : traité franco–soviétique d'assistance mutuelle.
– 7 juin : formation du gouvernement Pierre Laval (jusqu'en janvier 1936).

– 14 juillet : défilé unitaire des trois partis de gauche pour la fête nationale, parti radical, S.F.I.O., P.C.F. et naissance du Front populaire.
– Juillet–octobre : série de décrets–lois pris par le gouvernement dans sa politique de déflation.

1936
– 10 janvier : vote d'une loi permettant la dissolution des organisations paramilitaires.
– Mars : réunification des syndicats C.G.T. et C.G.T.U. au congrès de Toulouse.
– 26 avril–3 mai : élections législatives, victoire du Front populaire.
– 25 mai : début d'un vaste mouvement de grèves dans tous les secteurs de l'économie française.
– 4 juin : formation du gouvernement Léon Blum.
– 7–8 juin : signature des accords Matignon.
– 11 juin : vote de la loi instituant deux semaines de congés payés.
– 12 juin : vote de la loi instituant la semaine de travail de quarante heures.
– 18 juin : le gouvernement dissout les ligues fascistes. Le colonel de La Rocque crée le Parti social français.
– 28 juin : Jacques Doriot fonde le Parti populaire français.
– 18 juillet : début de la guerre civile en Espagne.
– 24 juillet : loi réformant la Banque de France.
– 3 août : création du billet de congé populaire annuel.
– 11 août : loi prévoyant la nationalisation des industries d'armement.
– 13 août : loi prolongeant l'obligation scolaire jusqu'à quatorze ans.
– 15 août : loi créant un Office du blé.
– 1er octobre : dévaluation du franc.
– 17 novembre : suicide du ministre de l'Intérieur, Roger Salengro.

1937
– 13 février : Léon Blum annonce une pause dans les réformes.
– 12 mars : lancement d'un emprunt de défense nationale.
– 22 juin : démission du gouvernement Blum. Formation du gouvernement Camille Chautemps.
– 30 juin : deuxième dévaluation du franc.
– 31 août : nationalisation des compagnies de chemins de fer et création de la S.N.C.F.
– Exposition internationale à Paris.

1938
– 12 mars : l'Allemagne hitlérienne annexe l'Autriche.
– 13 mars–8 avril : deuxième ministère Léon Blum.
– 10 avril : formation du gouvernement Edouard Daladier.
– Mai : troisième dévaluation du franc.
– 21 août : assouplissement de la loi sur la semaine de quarante heures.
– 29–30 septembre : Édouard Daladier signe les accords de Munich avec Hitler.
– 1er novembre : Paul Reynaud devient ministre des Finances.
– 30 novembre : échec de la grève générale lancée par la C.G.T.

– Novembre : rupture définitive du Front populaire entre les trois partis de gauche.

1939

– 5 avril : Albert Lebrun est réélu président de la République.

– 28 juillet : l'Assemblée nationale adopte le Code de la famille.

– 3 septembre : la France déclare la guerre à l'Allemagne après l'invasion de la Pologne.

– 26 septembre : dissolution du P.C.F., après la signature du pacte germano–soviétique le 23 août.

– 30 novembre : le gouvernement Daladier obtient des pouvoirs spéciaux pour la durée des hostilités.

1940

– 20 janvier : déchéance des élus communistes.

– 20 mars : démission du gouvernement Daladier. Formation du gouvernement Paul Reynaud le 21 mars.

– Avril–mai : envoi d'un corps expéditionnaire franco–britannique en Norvège et débarquement à Narvik.

– 10 mai : début de l'offensive allemande à l'Ouest.

– Mai : les Allemands percent dans les Ardennes, l'armée française se replie.

– 19 mai : le général Gamelin est limogé. Le général Weygand est nommé commandant en chef des armées françaises.

– 28 mai–4 juin : évacuation des troupes franco–britanniques à Dunkerque.

– 10 juin : l'Italie déclare la guerre à la France. Le gouvernement français se replie à Bordeaux.

– 14 juin : entrée des Allemands à Paris.

– 16 juin : démission du gouvernement Reynaud. Le maréchal Pétain devient président du Conseil.

– 17 juin : le maréchal Pétain demande l'armistice aux Allemands.

– 18 juin : le général Charles de Gaulle lance un appel de Londres en faveur de la résistance. Naissance de la France libre.

– 22 juin : signature de l'armistice franco–allemand à Rethondes. Il entre en vigueur le 25 juin. La France est coupée en deux.

– 2 juillet : installation du gouvernement à Vichy et convocation du Parlement.

– 3 juillet : destruction de la flotte française par les Britanniques à Mers–el–Kébir en Algérie.

– 10 juillet : le maréchal Pétain reçoit du Parlement les pleins pouvoirs constituants. Fin de la troisième République.

– 11 juillet : promulgation des premiers Actes constitutionnels, création de l'État français et ajournement des Chambres.

– 12 juillet : Pierre Laval nommé vice–président du Conseil.

– 22 juillet : ralliement des Nouvelles–Hébrides à la France libre.

– 30 juillet : le gouvernement de Vichy institue les chantiers de jeunesse.

– 7 août : l'Alsace–Lorraine est annexée à l'Allemagne.

– Août–septembre : ralliement de l'A.E.F. (sauf le Gabon), du Cameroun et de Tahiti à la France libre.

– 17 septembre : instauration du rationnement pour les produits alimentaires.

– 23–24 septembre : échec du général de Gaulle à Dakar.

– Septembre–octobre : ralliement de la Nouvelle–Calédonie, des territoires de l'Océanie et des comptoirs de l'Inde à la France libre.

– 3 octobre : le régime de Vichy promulgue la loi sur le statut des Juifs.

– 24 octobre : entrevue de Montoire entre Pétain et Hitler.

– Novembre : ralliement du Gabon à la France libre.

– 9 novembre : dissolution des organisations syndicales par le régime de Vichy.

– 2 décembre : loi sur l'organisation corporative de l'agriculture.

– 13 décembre : renvoi de Pierre Laval. Pierre–Étienne Flandin chef du gouvernement de Vichy.

– Décembre : mise en place à Paris de mouvements de résistance, l'organisation civile et militaire et ceux de la libération.

1941

– Janvier : Marcel Déat crée à Paris le Rassemblement national populaire.

– 9 février : l'amiral Darlan nommé vice–président du Conseil à Vichy.

– 1er mars : les Forces françaises libres (F.F.L.) s'emparent de l'oasis de Koufra en Libye.

– 27 mai : signature des Protocoles militaires de Paris entre l'Allemagne et le régime de Vichy.

– 2 juin : deuxième statut des Juifs publié à Vichy.

– 11 juillet : création de la Légion des Volontaires Français (L.V.F.) contre le bolchevisme.

– 14 août : lois de Vichy instituant l'obligation de prêter serment de fidélité au chef de l'État pour les hauts fonctionnaires, les militaires et les magistrats.

– 24 septembre : le général de Gaulle crée à Londres le Comité national de la France libre.

– 4 octobre : Vichy promulgue la Charte du travail.

– 8 décembre : entrée en guerre des États–Unis après l'attaque japonaise de Pearl Harbour.

– 24 décembre : ralliement de Saint–Pierre et Miquelon à la France libre.

1942

– Février–avril : procès de Riom, intenté par Vichy à d'anciens hommes politiques de la troisième République.

– Mars : naissance des Francs– Tireurs et Partisans français (F.T.P.F.), organisation militaire de résistance communiste.

– 18 avril : retour de Pierre Laval au pouvoir à Vichy après la démission de l'amiral François Darlan. Il devient chef du gouvernement.

– 29 mai : obligation du port de l'étoile jaune pour les Juifs de la zone occupée.

– 22 juin : Laval institue le principe de la "relève" (envoi d'ouvriers français en Allemagne).

– 14 juillet : la France libre devient la France combattante.

– 16–17 juillet : rafle du "Vel d'hiv" à Paris.

– 8 novembre : débarquement allié au Maroc et en Algérie.

– 11 novembre : les Allemands envahissent la zone libre en France.

– 26 novembre : le général Henri Giraud est nommé haut–commissaire civil et militaire en Afrique du nord.

– 27 novembre : la flotte française à Toulon se saborde.

– Novembre : l'A.O.F. puis la Réunion se rallient à de Gaulle.

– 24 décembre : assassinat de l'amiral François Darlan à Alger.

1943

– 14–27 janvier : conférence d'Anfa entre Américains, Britanniques et la France combattante.

– 26 janvier : fusion des principaux mouvements de résistance de la zone sud dans les M.U.R.

– 30 janvier : création de la Milice française avec Joseph Darnand.

– 16 février : institution du Service du travail obligatoire (S.T.O.).

– 27 mai : création du Conseil national de la résistance (C.N.R.) par Jean Moulin.

– 3 juin : De Gaulle crée le Comité français de Libération nationale (C.F.L.N.) avec le général Henri Giraud à Alger.

– 21 juin : arrestation et exécution de Jean Moulin. Georges Bidault devient président du C.N.R.

– Septembre–octobre : libération de la Corse par les Alliés.

– 17 septembre : création à Alger d'une Assemblée consultative provisoire.

– 2 octobre : De Gaulle seul président du C.F.L.N.

– 29 novembre : création des Forces françaises de l'intérieur (F.F.I.).

1944

– Janvier–mars : entrée de collaborationnistes parisiens dans le gouvernement de Vichy.

– 30 janvier–8 février : conférence de Brazzaville.

– 15 mars : publication du programme du C.N.R.

– 25 mars : écrasement par les Allemands de la résistance sur le plateau des Glières.

– 26 avril : visite du maréchal Philippe Pétain à Paris.

– 2 juin : le C.F.L.N. se transforme en Gouvernement provisoire de la République française (G.P.R.F.) dont Ch. de Gaulle est le président.

– 6 juin : débarquement allié en Normandie. Libération de l'ouest du pays en juillet–août.

– 10 juin : massacre d'Oradour–sur–Glane par les Allemands.

– 1er–22 juillet : conférence de Bretton–Woods, institution d'un nouveau système monétaire international et création du Fonds monétaire international. (F.M.I.)

– 21–23 juillet : écrasement par les Allemands du maquis du Vercors.

– 9 août : ordonnance rétablissant la légalité républicaine.

– 15 août : débarquement allié en Provence. Libération progressive du sud–est du pays.

– 20 août : les Allemands emmènent Pétain et Laval dans leur retraite.

– 25 août : libération de Paris par la deuxième D.B. du général Philippe Leclerc. Charles de Gaulle à Paris.

– 9 septembre : Charles de Gaulle forme un gouvernement d'"unanimité nationale".

– 23 septembre : décret incorporant les F.F.I. dans l'armée.

– Septembre : les Allemands n'occupent plus que l'est du pays.

– 5 octobre : droit de vote accordé aux Françaises.

– 28 octobre : suppression des Milices patriotiques.

– 23 novembre : libération de Strasbourg.

– 26 novembre : fondation du Mouvement Républicain Populaire (M.R.P.).

– Novembre : lancement de l'emprunt de la libération.

– 14 décembre : nationalisation des houillères du Nord et du Pas–de–Calais.

– Décembre : contre–offensive allemande dans les Ardennes (échec en janvier 1945).

1945

– 16 janvier : nationalisation des usines Renault.

– 4–11 février : conférence de Yalta à laquelle Ch. de Gaulle n'est pas invité. La France obtient néanmoins une zone d'occupation en Allemagne.

– 25 avril–26 juin : conférence de San Fransisco, création de l'Organisation des nations unies (O.N.U.).

– 26 avril : le maréchal Philippe Pétain se constitue prisonnier.

– Avril–mai : élections municipales.

– 8 mai : capitulation allemande, fin de la seconde guerre mondiale en Europe.

– 8–12 mai : émeutes antifrançaises et répression dans le Constantinois en Algérie.

– 22 juin : création de l'École nationale d'administration (E.N.A.).

– 26 juin : nationalisation d'Air France.

– 17 juillet–2 août : conférence de Potsdam à laquelle Charles de Gaulle n'est pas invité.

– 23 juillet : début du procès du maréchal Philippe Pétain.

– 6 août : bombe atomique sur Hiroshima.

– 15 août : le maréchal Pétain est condamné à mort. Sa peine est commuée en détention à perpétuité.

– 2 septembre : capitulation japonaise, fin de la seconde guerre mondiale en Extrême–Orient. Déclaration d'indépendance du Viêt–nam par Hô–chi–minh.

– 4–15 octobre : procès et exécution de Pierre Laval.

– 4–19 octobre : ordonnances instituant la Sécurité sociale.

– 21 octobre : référendum constitutionnel et élection d'une Assemblée constituante.

– 20 novembre : ouverture du procès de Nuremberg (jusqu'en octobre 1946).

– 21 novembre : formation du gouvernement Ch. de Gaulle.

– 2 décembre : nationalisation de la Banque de France et des grandes banques.

– 21 décembre : création de Commissariat général au plan.

– 26 décembre : dévaluation du franc.

1946

– 10 janvier : première réunion de l'O.N.U.

– 20 janvier : démission de Ch. de Gaulle de la tête du gouvernement provisoire. Félix Gouin chef du gouvernement.

– 21 février : rétablissement de la loi des quarante heures.

– 6 mars : signature de l'accord Ho–chi–minh–Sainteny sur l'indépendance du Viêt–nam dans le cadre de l'Union française.

– 19 mars : la Guadeloupe, la Martinique, la Guyane et la Réunion deviennent des départements d'outre–mer.

– 8 avril : nationalisation du gaz et de l'électricité (E.D.F. – G.D.F.).

– 25 avril : nationalisation des grandes compagnies d'assurance.

– 5 mai : rejet par référendum du premier projet de Constitution.

– 17 mai : nationalisation de toutes les mines de charbon.

– 2 juin : élection d'une deuxième Assemblée constituante.

– 12 juin : création du Conseil national du patronat français (C.N.P.F.).

– 16 juin : discours de Ch. de Gaulle à Bayeux.

– 23 juin : Georges Bidault chef du gouvernement provisoire.

– 6 août : loi sur les prestations familiales.

– 12 septembre : loi sur l'assurance–vieillesse.

– 14 septembre : échec de la conférence de Fontainebleau sur l'Indochine.

– 13 octobre : approbation du deuxième projet de Constitution par référendum. Elle est promulguée le 27 octobre 1946.

– 10 novembre : élections législatives; trois partis dominent, le P.C.F., le M.R.P. et la S.F.I.O. (tripartisme).

– 27 novembre : lancement du plan Monnet de reconstruction.

– 19–20 décembre : début de la guerre d'Indochine.

1947

– 16 janvier : Vincent Auriol est élu président de la République. Paul Ramadier est nommé président du Conseil. Début de la quatrième République.

– Janvier–février : décrets décidant à deux reprises une baisse des prix.

– 10 février : signature des traités de paix avec l'Italie, la Bulgarie, la Finlande, la Hongrie et la Roumanie.

– 29 mars : insurrection et répression à Madagascar.

– 7 avril : fondation du Rassemblement du peuple français (R.P.F.) par les gaullistes.

– 5 mai : Paul Ramadier exclut les ministres communistes du gouvernement, fin du tripartisme.

– Juin–octobre : vague de grèves dans de nombreux secteurs de l'économie.

– 5 juin : les États–Unis proposent aux pays d'Europe le plan Marshall. Acceptation française le 17 juin.

– 27 août : adoption d'un nouveau statut pour l'Algérie.

– Octobre : élections municipales, succès du R.P.F.

– 22 novembre : formation du gouvernement Robert Schuman. Début des gouvernements de "troisième force".

– Novembre–décembre : vague de grèves violentes dans les houillères et la métallurgie.

– 19 décembre : scission du syndicat C.G.T et création du syndicat Force ouvrière (congrès constitutif en avril 1948).

1948

– 25 janvier : le franc est dévalué de 80%.

– 16 avril : création de l'O.E.C.E. pour les pays bénéficiaires du plan Marshall.

– Avril : élections en Algérie.

– 19 juillet : chute du gouvernement Robert Schuman. Instabilité ministérielle jusqu'en 1951.

– Octobre–novembre : vague de grèves, en particulier dans les houillères.

– 10 décembre : l'O.N.U. adopte la Déclaration universelle des droits de l'homme.

1949

– 12 janvier : le gouvernement décide le blocage des prix.

– 24 janvier : lancement d'un emprunt par l'État.

– 4 avril : création de l'Organisation du traité de l'Atlantique nord, O.T.A.N. (adhésion de la France le 27 juillet 1949).

– 27 avril : dévaluation du franc.

– 5 mai : création du Conseil de l'Europe.

– 19 septembre : dévaluation du franc.

1950

– 11 février : création du S.M.I.G.

– Février–avril : vague de grèves et de manifestations sociales violentes.

– 9 mai : proposition du plan Schuman d'un pool charbon–acier.

– 7 juillet : création de l'Union européenne des paiements.

– 27 octobre : loi portant la durée du service militaire à dix–huit mois.

– Octobre : premières défaites françaises en Indochine.

– 6 décembre : Jean–Marie de Lattre de Tassigny nommé haut–commissaire en Indochine.

1951

– Janvier–décembre : nombreuses grèves dans les transports, la fonction publique, les houillères.

– Mars : hausse générale des salaires.

– 18 avril : traité de Paris créant la Communauté européenne du charbon et de l'acier (C.E.C.A.).

– 9 mai : adoption d'une nouvelle loi électorale pour les élections législatives (les apparentements).

– 17 juin : élections législatives, succès de la "troisième force".

– 23 juillet : mort du maréchal Philippe Pétain à l'île d'Yeu.

– 8 août : formation du gouvernement René Pleven.

– 20 septembre : adoption de l'échelle mobile des salaires.

– 21 septembre : vote des lois Marie et Barangé sur l'aide à l'enseignement privé.

– 1er novembre : émeutes antifrançaises à Casablanca, au Maroc.

– Décembre : découverte du gisement de gaz de Lacq.

1952

– 17 janvier : soulèvement à Bizerte en Tunisie et arrestation du chef
nationaliste Habib Bourguiba.

– Janvier–mars : nombreuses grèves.

– 6 mars : formation du gouvernement d'Antoine Pinay.

– 20 mai : lancement par l'État d'un emprunt (emprunt Pinay).

– 27 mai : traité de Paris instituant la Communauté Européenne de Défense (C.E.D.).

– 7–8 décembre : émeutes à Casablanca au Maroc.

– 23 décembre : démission du gouvernement d'Antoine Pinay. Instabilité ministérielle jusqu'en juin 1954.

1953

– Avril–novembre : vagues de grèves dans le secteur public.

– 20 août : déposition du sultan du Maroc, Mohammed ben Youssef,
remplacé par Ben Arafa.

– 23 décembre : René Coty est élu président de la République.

1954

– Février : campagne de l'abbé Pierre contre la misère.

– 10 avril : loi instituant la T.V.A.

– 7 mai : défaite française à Dien Bien Phu en Indochine.

– 17 juin : formation du gouvernement Pierre Mendès–France.

– 21 juillet : signature des accords de Genève, la France reconnaît l'indépendance de l'Indochine.

– 31 juillet : discours de Carthage de Mendès–France annonçant l'autonomie interne pour la Tunisie.

– 13 août : Mendès–France obtient les pleins pouvoirs en matière économique.

– 30 août : l'Assemblée nationale rejette le traité créant la C.E.D.

– 21 octobre : la France signe avec l'Inde un accord sur la cession de ses
comptoirs dans le pays.

– 23 octobre : Accords de Paris créant l'Union de l'Europe Occidentale
(U.E.O.).

– 1er novembre : vague d'attentats en Algérie, début de l'insurrection
algérienne.

1955

– 5 février : chute du gouvernement Pierre Mendès–France.

– 23 février : formation du gouvernement Edgar Faure.

– 3 avril : proclamation de l'état d'urgence en Algérie.

– 29 mai : accord sur l'autonomie interne de la Tunisie. Retour de Bourguiba en juin.

– Juin–octobre : nombreuses grèves.

– 20–21 août : massacre d'Européens en Algérie à Philippeville.

– 5–6 novembre : entretiens Pinay–Mohammed ben Youssef à la Celle–Saint–Cloud,, fin du protectorat français. Retour du sultan au Maroc.

– 2 décembre : Edgar Faure dissout l'Assemblée nationale.

1956

– 2 janvier : élections législatives,victoire du "Front républicain".

– 26 janvier : formation du gouvernement Guy Mollet.

– 28 février : le gouvernement accorde une troisième semaine de congés payés.

– 2–20 mars : indépendances du Maroc et de la Tunisie.

– 12 mars : vote de la loi instituant des pouvoirs spéciaux en Algérie.

– 23 juin : vote de la loi–cadre Defferre sur l'outre–mer.

– 10 septembre : lancement d'un emprunt par l'État.

– 22 octobre : détournement de l'avion transportant le chef nationaliste algérien Ben Bella.

– 5–6 novembre : intervention militaire franco–anglaise sur le canal de Suez. Rembarquement des troupes fin décembre.

1957

– Janvier : début de la "bataille d'Alger", lutte contre le F.L.N. (jusqu'en août).

– 25 mars : signature des traités de Rome créant la Communauté économique européenne (C.E.E.) et l'Euratom.

– 6 novembre : formation du gouvernement Félix Gaillard.

1958

– 1er janvier : entrée en vigueur de la C.E.E.

– 31 janvier : vote de la loi–cadre sur l'Algérie.

– 8 février : bombardement par l'aviation française du village tunisien de Sakhiet Sidi Youssef.

– 15 avril : démission du gouvernement Félix Gaillard.

– 8 mai : Pierre Pflimlin nommé président du conseil.

– 13 mai : prise du pouvoir à Alger par les militaires, le général Jacques Massu forme un Comité de salut public. À Paris, investiture du gouvernement Pflimlin.

– 28 mai : démission du gouvernement Pierre Pflimlin.

– 31 mai : le président René Coty nomme le général Ch. de Gaulle président du conseil.

– 1er juin : investiture du gouvernement Ch. de Gaulle par l'Assemblée nationale.

– 2 juin : Ch. de Gaulle est investi des pleins pouvoirs par l'Assemblée nationale.

– 4–7 juin : voyage de Ch. de Gaulle en Algérie.

– 19 septembre : les nationalistes algériens créent le Gouvernement provisoire de la République algérienne (G.P.R.A.).

– 28 septembre : approbation par référendum du projet de nouvelle Constitution. Les possessions d'outre-mer approuvent la création de la Communauté, sauf la Guinée qui devient indépendante. La Constitution est promulguée le 4 octobre.

– 1er octobre : création de l'Union pour la nouvelle république (U.N.R.).

– 3 octobre : annonce du plan de Constantine de développement de l'Algérie.

– 23-30 novembre : élections législatives, victoire des gaullistes.

– 21 décembre : le général Ch. de Gaulle est élu président de la République et de la Communauté.

– 28 décembre : dévaluation et création du nouveau franc.

1959

– 1er janvier : entrée en vigueur du plan de redressement économique "Pinay-Rueff".

– 6 janvier : ordonnance prolongeant la scolarité jusqu'à seize ans.

– 8 janvier : Ch. de Gaulle investi dans ses fonctions de président de la République. Il remplace René Coty. Michel Debré est nommé Premier ministre. Début de la cinquième République.

– 16 septembre : Ch. de Gaulle propose l'autodétermination à l'Algérie.

– 24 décembre : vote de la loi Debré d'aide à l'enseignement privé.

1960

– 1er janvier : entrée en vigueur du nouveau franc. Indépendance du Cameroun.

– 13 janvier : démission d'Antoine Pinay du gouvernement.

– 24 janvier-1er février : semaine des barricades à Alger.

– 13 février : première explosion atomique française à Reggane, au Sahara.

– Mars : Ch. de Gaulle parle "d'Algérie algérienne".

– Avril : indépendance du Togo.

– Juin : indépendance de Madagascar.

– Juillet : vote d'une loi d'orientation agricole (complétée en 1962).

– Août : indépendances du Dahomey, Niger, Haute-Volta, Tchad, Côte-d'Ivoire, République Centrafricaine, Congo, Gabon et Sénégal.

– Septembre : indépendance du Mali.

– 4 novembre : Ch. de Gaulle parle de "République algérienne".

– Novembre : indépendance de la Mauritanie.

1961

– 8 janvier : approbation par référendum de l'autodétermination en Algérie.

– Février : création de l'Organisation de l'armée secrète (O.A.S.) en Algérie par des Européens.

– 22-25 avril : putsch des généraux à Alger. Échec.

– 20 mai : ouverture des négociations d'Evian avec les nationalistes algériens.

1962

– Janvier-mars : vague d'attentats O.A.S. en France et en Algérie.

– 8 février : manifestation à Paris contre la guerre d'Algérie au métro Charonne (huit morts).

– 18 mars : signature des accords d'Evian, fin de la guerre d'Algérie. La France accorde l'indépendance.

– 8 avril : approbation par référendum des accords d'Evian.

– 14 avril : démission du gouvernement Michel Debré. Georges Pompidou devient Premier ministre.

– 15 mai : les ministres M.R.P. quittent le gouvernement.

– 3 juillet : indépendance de l'Algérie. Exode des pieds–noirs.

– 22 août : attentat du Petit–Clamart contre Ch. de Gaulle.

– 12 septembre : Ch. de Gaulle annonce un référendum sur l'élection présidentielle au suffrage universel.

– 5 octobre : le gouvernement Georges Pompidou est renversé par l'Assemblée nationale.

– 10 octobre : le général Ch. de Gaulle dissout l'Assemblée nationale.

– 28 octobre : approbation par référendum du projet d'élection du président de la République au suffrage universel.

– 18–25 novembre : élections législatives, succès des gaullistes.

1963

– 14 janvier : Ch. de Gaulle repousse la candidature du Royaume–Uni à la C.E.E.

– 22 janvier : signature d'un traité de coopération franco–allemand.

– Mars–avril : grèves dans les charbonnages.

– 12 septembre : le ministre des finances Valéry Giscard d'Estaing lance un plan de stabilisation de l'économie.

– Création de la D.A.T.A.R.

1964

– 27 janvier : le gouvernement français reconnaît le régime communiste chinois.

– 14 mars : création des 21 régions de programme.

– 6–7 novembre : scission du syndicat C.F.T.C. et création du syndicat C.F.D.T.

1965

– 1er juillet : la France pratique la politique de la "chaise vide" dans la C.E.E. (jusqu'en janvier 1966).

– 9 juillet : loi fixant la durée du service militaire à seize mois.

– 29 octobre : à Paris, enlèvement et disparition d'El Mehdi Ben Barka, homme politique marocain.

– 5–19 décembre : élection présidentielle, réélection du général Ch. de Gaulle au deuxième tour face à François Mitterrand.

1966

– Février : Charles de Gaulle annonce le retrait de la France de l'O.T.A.N. (effectif le 1er juillet 1966).

– 1er septembre : discours du général Ch. de Gaulle à Phnom Penh, condamnant l'intervention militaire américaine au Viêt–nam.

1967

– 5–12 mars : élections législatives, très courte victoire de la majorité gaulliste.

– 29 mars : lancement du sous–marin nucléaire *le Redoutable.*

– Mars–avril : naufrage du pétrolier Torrey Canyon et pollution des côtes bretonnes.

– 16 mai : fin des négociations du Kennedy round dans le cadre du G.A.T.T.

– 13 juillet : création de l'Agence Nationale pour l'Emploi (A.N.P.E.).

– 26 juillet : discours de Charles de Gaulle à Montréal, "vive le Québec libre".

– 17 août : ordonnances sur l'intéressement des travailleurs.

– 26 septembre : accord avec le Royaume–Uni et la R.F.A. pour la construction de l'avion Airbus.

– Octobre : violentes manifestations paysannes dans l'ouest.

– 25 novembre : grève à l'université de Nanterre.

– 19 décembre : vote de la loi Neuwirth sur la régulation des naissances et l'autorisation des contraceptifs.

1968

– 22 mars : incidents à la faculté de Nanterre. Début d'une forte agitation dans les universités.

– 3 mai : début de la crise étudiante des "événements de mai".

– 13 mai : début de la crise sociale des "événements de mai".

– 27 mai : signature des accords de Grenelle entre le gouvernement et les syndicats.

– 29 mai : départ de Ch. de Gaulle pour Baden–Baden.

– 30 mai : allocution de Ch. de Gaulle, dissolution de l'Assemblée nationale. Grande manifestation gaulliste.

– 23–30 juin : élections législatives, triomphe des gaullistes.

– 1er juillet : établissement du marché commun dans la C.E.E.

– 10 juillet : démission du gouvernement Pompidou. Maurice Couve de Murville devient Premier ministre.

– 24 août : explosion de la première bombe H française à Mururoa dans le Pacifique.

– 12 novembre : vote de la loi d'orientation pour l'enseignement supérieur.

– 23 novembre : Ch. de Gaulle refuse la dévaluation du franc.

1969

– 2 février : Ch. de Gaulle annonce l'organisation d'un référendum sur la régionalisation.

– 27 avril : rejet par référendum du projet de réforme proposé par Ch. de Gaulle.

– 28 avril : démission de Ch. de Gaulle de ses fonctions de président de la République. Le président du Sénat, Alain Poher, assure l'intérim.

– 1er–15 juin : élection présidentielle, victoire de Georges Pompidou au deuxième tour sur Alain Poher.

– 23 juin : Jacques Chaban–Delmas est nommé Premier ministre.

– Juillet : la S.F.I.O. se transforme en parti Socialiste (P.S.).

– 8 août : dévaluation du franc.

– Septembre–octobre : nombreuses grèves.

1970

– 27–28 mai : manifestation maoïste au Quartier Latin à Paris.

– 4 juin : vote de la loi anti–casseurs.

– 9 juillet : vote de la loi réduisant la durée du service militaire à un an.

– 9 novembre : mort du général Charles de Gaulle.

– Le S.M.I.C. remplace le S.M.I.G.

1971

– 4–8 mai : crise monétaire en Europe.

– 11–13 juin : congrès du Parti socialiste à Epinay.

– Juillet : vote de lois sur la formation professionnelle.

– 15 août : suspension de la convertibilité du dollar en or.

1972

– 23 avril : approbation par référendum de l'entrée du Royaume–Uni dans la C.E.E.

– 27 juin : signature du Programme commun de gouvernement entre les partis de gauche.

– 5 juillet : démission du gouvernement Chaban–Delmas. Pierre Messmer est nommé Premier ministre.

1973

– 1er janvier : la C.E.E compte neuf membres avec les entrées du Royaume–Uni, de l'Irlande et du Danemark.

– 6 février : incendie du C.E.S. Pailleron à Paris.

– 4–11 mars : élections législatives, victoire de la majorité sortante.

– Mars–avril : forte agitation sociale, mouvements de grève.

– Juillet – décembre : le gouvernement annonce des mesures contre l'inflation.

– 19 octobre : vote par l'Assemblée nationale de la loi Royer sur les petits artisans et commerçants.

– Octobre–décembre : premier choc pétrolier, les pays de l'O.P.E.P. décident d'augmenter fortement le prix du pétrole.

1974

– 19 janvier : le gouvernement décide de laisser flotter le franc.

– 30 janvier : le gouvernement dissout des organisations autonomistes basques, bretonne et corse.

– Février : dans de nombreux secteurs industriels, les difficultés économiques commencent à se manifester.

– 1er mars : E.D.F. lance un programme de construction de 16 centrales nucléaires.

– 8 mars : inauguration de l'aéroport Roissy–Charles de Gaulle à Paris.

– 2 avril : mort du président Georges Pompidou. Alain Poher, président du Sénat, assure l'intérim.

– 5–19 mai : élection présidentielle, Valéry Giscard d'Estaing est élu au deuxième tour face à François Mitterrand. Il entre en fonctions le 27 mai et nomme Jacques Chirac Premier ministre.

– 12 juin : présentation par le gouvernement d'un plan d'assainissement de l'économie, avec pour priorité, la lutte contre l'inflation.

– 28 juin : l'Assemblée nationale adopte un projet de loi libéralisant la contraception.
– Juin : vote de l'abaissement de l'âge de la majorité civile à 18 ans.
– Juillet : révoltes dans les prisons françaises.
– 7 août : vote d'une loi sur l'audiovisuel éclatant l'O.R.T.F. en plusieurs sociétés.
– Novembre : multiplication des conflits sociaux.

1975
– 17 janvier : promulgation de la loi autorisant l'interruption volontaire de grossesse (loi Veil).
– Mars–avril : le gouvernement adopte des mesures de soutien de l'économie (bâtiment, industrie).
– Avril–mai : conflits sociaux aux usines Renault, dans la sidérurgie.
– 9 mai : le franc réintègre le Serpent monétaire européen.
– 20 juin : l'Assemblée nationale adopte la loi Haby de réforme du système éducatif.
– Juin : le gouvernement adopte des mesures en faveur de l'emploi et contre l'inflation.
– 6 juillet : proclamation de l'indépendance des îles Comores (sauf Mayotte).
– Juillet : le gouvernement adopte un plan de développement économique de la Corse, alors que se multiplient les violences sur l'île en août–septembre.
– Juillet–août : le gouvernement annonce des mesures économiques pour la Réunion et la Guyane.
– 1er août : la France signe l'Acte final de la conférence d'Helsinki sur la sécurité en Europe.
– Septembre : le gouvernement présente un plan de soutien de l'économie, adopté par le Parlement. – Les pays de l'O.P.E.P. décident une nouvelle augmentation du prix du pétrole.
– 15–17 novembre : premier sommet des grands pays industrialisés à Rambouillet.
– Novembre : le gouvernement publie un décret réglementant l'immigration.
– 31 décembre : promulgation de la loi modifiant le statut de la municipalité de Paris.

1976
– 7–8 janvier : conférence de la Jamaïque, abandon par le F.M.I. du système de Bretton–Woods.
– 4–8 février : XXème Congrès du P.C.F., abandon de la doctrine de la dictature du prolétariat.
– Février–mars : violentes manifestations agricoles dans le Midi.
– Février–avril : mouvement de grève et manifestations étudiantes contre la réforme de l'enseignement supérieur.
– 14 mars : le gouvernement annonce le retrait du franc du Serpent monétaire européen.
– 8 avril : le constructeur automobile Peugeot prend le contrôle de Ci-

troën.

– 25 août : démission du gouvernement de Jacques Chirac. Raymond Barre est nommé Premier ministre.

– 22 septembre : le gouvernement présente un plan de lutte contre l'inflation (plan Barre), voté par l'Assemblée nationale le 20 octobre.

– 5 décembre : le parti gaulliste U.D.R. se transforme en Rassemblement pour la République. Jacques Chirac en est le président.

– 24 décembre : assassinat du député Jean de Broglie.

1977,

– 3 janvier : mise en œuvre de la seconde étape du "plan Barre".

– 30 janvier : libération de Françoise Claustre, ethnologue française retenue en otage par des rebelles tchadiens depuis avril 1974.

– 31 janvier : inauguration du centre culturel Beaubourg à Paris.

– Février : le gouvernement annonce un plan de sauvetage de la sidérurgie, en proie à de graves difficultés depuis 1975.

– 13-20 mars : élections municipales, nets progrès de la gauche. À Paris, Jacques Chirac est élu maire.

– Mars : le nombre de chômeurs atteint un million.

– Avril : le gouvernement présente un plan d'action économique.

– 19 mai : le parti des Républicains indépendants se transforme en Parti républicain (P.R.).

– 27 juin : proclamation de l'indépendance du Territoire des Afars et des Issas qui devient la République de Djibouti.

– Juillet : nouveau statut d'autonomie pour la Polynésie française.

– Septembre : rupture de l'Union de la gauche entre P.S, P.C.F. et M.R.G.

– 3 novembre : le gouvernement annonce des mesures de lutte contre l'inflation.

1978

– 1er février : création du parti de l'Union pour la démocratie française (U.D.F.).

– 12-19 mars : élections législatives, victoire de la majorité sortante R.P.R.– U.D.F.

– Mars : marée noire en Bretagne après l'échouage du pétrolier Amoco–Cadiz.

– Avril : le gouvernement annonce de nouvelles mesures économiques, dont la libération progressive des prix.

– 19 mai : intervention militaire française au Zaïre (Kolwezi). Retrait en juin.

– Juin– août : nombreux conflits sociaux.

– Août : le constructeur automobile Peugeot–Citroën rachète les filiales européennes de Chrysler.

– Septembre : le gouvernement adopte un plan de redressement de la sidérurgie, prévoyant des milliers de licenciements et son passage sous le contrôle de l'État.

– Octobre : nombreuses grèves et conflits sociaux face à la montée du chômage.

– Décembre : les pays de l'O.P.E.P. décident une forte hausse des prix du pétrole pour 1979 pour compenser la baisse du dollar.

1979

– Janvier–mars : forte agitation sociale, nombreuses grèves (sidérurgie, banques, assurances).

– Mars : entrée en vigueur du Système monétaire européen (S.M.E.). – Les pays de l'O.P.E.P. décident une forte augmentation des prix du pétrole, en raison de la crise iranienne (début du deuxième choc pétrolier). Nouvelle forte augmentation décidée en juin.

– 10 juin : premières élections du Parlement européen au suffrage universel. Simone Veil est élue présidente du Parlement le 17 juillet.

– Juin : multiplication des conflits sociaux (sidérurgie, dockers, industrie automobile).

– 29 août : le gouvernement présente un plan de soutien à l'économie, rendu nécessaire par la forte hausse du prix du pétrole depuis le début de l'année (+58%).

– 20–21 septembre : intervention militaire française en Centrafrique.

– 10 octobre : début de l'affaire des "diamants de Bokassa", mettant en cause le président Valéry Giscard d'Estaing.

– 30 octobre : suicide du ministre Robert Boulin.

– 24 décembre : premier lancement de la fusée européenne Ariane du centre spatial guyanais de Kourou.

1980

– Janvier : incidents et agitation en Corse. – Passage dévastateur du cyclone Hyacinthe sur l'île de la Réunion.

– Janvier–février : les pays de l'O.P.E.P. décident une nouvelle hausse des prix du pétrole (également en juin).

– Janvier–mars : dégradation de la situation économique (hausse de l'inflation et du chômage).

– 2 février : assassinat de Joseph Fontanet, ancien ministre.

– Mars : manifestations antinucléaires contre le projet de construction d'une centrale à Plogoff en Bretagne.

– Mars–avril : marée noire en Bretagne à la suite de l'échouage du pétrolier Tanio.

– Avril–mai : forte agitation dans les milieux de l'éducation et des universités.

– 30 juillet : accession à l'indépendance des Nouvelles–Hébrides, condominium franco–britannique, sous le nom de République de Vanuatu.

– Juillet : annonce d'un plan de réforme des universités.

– Juillet– septembre : grave conflit chez les marins–pêcheurs.

– 3 septembre : le gouvernement présente une série de mesures pour relancer la consommation et l'investissement.

– 3 octobre : attentat à Paris contre la synagogue de la rue Copernic.

– Octobre–décembre : suite au déclenchement de la guerre Iran–Irak, nouvelle augmentation des prix du pétrole.

– 20 décembre : adoption définitive du projet de loi "sécurité et li-

berté".
1981

– 1er janvier : entrée de la Grèce dans la C.E.E., qui compte dix membres.

– Février : le gouvernement adopte des mesures de lutte contre le chômage, qui atteint 1,6 million de personnes.

– 26 avril–10 mai : élection présidentielle, victoire du candidat socialiste François Mitterrand au deuxième tour sur le président sortant Valéry Giscard d'Estaing.

– 21 mai : entrée en fonctions de François Mitterrand. Pierre Mauroy est nommé Premier ministre.

– 22 mai : le président Mitterrand dissout l'Assemblée nationale.

– 14–21 juin : élections législatives, large victoire des socialistes.

– 23 juin : nouveau gouvernement Mauroy avec la participation de quatre ministres communistes.

– juin : le gouvernement décide une forte hausse du S.M.I.C. et des prestations sociales, et adopte des mesures en faveur de l'emploi.

– 11 août : le gouvernement prend des mesures pour la régularisation de la situation des travailleurs immigrés.

– 10 septembre : lancement d'un emprunt par l'État.

– 22 septembre : inauguration de la première ligne ferroviaire du T.G.V. Paris–Lyon.

– Septembre : le Parlement vote l'abolition de la peine de mort.

– 4 octobre : dévaluation du franc.

– 22–23 octobre : sommet de Cancun au Mexique réunissant pays industrialisés et pays en voie de développement.

– Novembre : le chômage touche deux millions de personnes.

– 9 novembre : adoption définitive de la loi autorisant les radios locales privées.

– 18 décembre : vote définitif de la loi sur les nationalisations par l'Assemblée nationale (elle est promulguée et entre en vigueur le 13 février 1982).

1982

– 13 janvier : le gouvernement adopte deux ordonnances fixant la durée du travail à 39 heures par semaine et accordant une cinquième semaine de congés payés.

– 28 janvier : adoption définitive du projet de loi sur la décentralisation (loi promulguée le 2 mars).

– Janvier–février : signature de deux importants contrats gaziers avec l'U.R.S.S. et l'Algérie.

– 3 mars : promulgation de la loi créant un statut particulier pour la Corse, alors que les attentats se multiplient en février. L'élection de l'Assemblée régionale a lieu en août 1982.

– 25 mars : le gouvernement adopte une ordonnance abaissant à 60 ans l'âge de la retraite.

– Mars : agitation viticole dans le Midi.

– Avril : une vague d'attentats, liée à la situation au Proche–Orient, touche Paris.

– Avril– juillet : conflits sociaux graves dans l'automobile (Citroën, Talbot).

– 4–6 juin : huitième sommet des sept grands pays industrialisés à Versailles.

– 10 juin : adoption définitive de la loi Quilliot sur les rapports entre propriétaires et locataires.

– 12 juin : nouvelle dévaluation du franc et annonce de mesures d'accompagnement, blocage des prix et des salaires pour quatre mois pour lutter contre l'inflation (loi adoptée par l'Assemblée nationale le 20 juillet).

– 29 juillet : promulgation de la loi sur la communication audiovisuelle, prévoyant la création d'une Haute autorité (entrée en fonctions en septembre).

– Juillet– septembre : vague d'attentats à Paris, visant en particulier la communauté juive (rue des Rosiers le 9 août).

– Juillet– décembre : adoption des lois Auroux sur l'entreprise.

– Décembre : vague d'attentats en Corse, perpétré par le F.L.N.C.

1983

– 5 janvier : dissolution du F.L.N.C. par le gouvernement.

– Janvier : lancement d'un emprunt par l'État.

– Janvier–février : plusieurs conflits sociaux dans l'automobile (Renault, Citroën).

– Février : la Bolivie expulse vers la France le criminel de guerre nazi Klaus Barbie.

– 14 mars : l'O.P.E.P. décide une baisse des prix du pétrole.

– 21 mars : troisième dévaluation du franc

– 25 mars : annonce par le gouvernement d'un plan de rigueur face à la dégradation de la situation économique (baisse des dépenses de l'État, augmentation des taxes et emprunt obligatoire).

– Mars–mai : mouvements de grève des étudiants et des internes en médecine.

– Avril : forte agitation paysanne.

– 28–29 mai : série d'attentats aux Antilles et en Guyane. À nouveau, en novembre, en Guadeloupe.

– 31 mai : abrogation de la loi "sécurité et liberté".

– 21 juillet : le groupe Peugeot annonce plusieurs milliers de licenciements (grève chez Talbot en décembre 1983–janvier 1984).

– Août : intervention militaire française au Tchad (jusqu'en novembre 1984). – Lancement d'un nouvel emprunt par l'État.

– Octobre : le gouvernement présente ses propositions sur l'enseignement privé.

– 23 octobre : attentat à Beyrouth contre les troupes françaises de la force multinationale (58 morts).

– 21 décembre : adoption définitive du projet de loi sur l'enseignement supérieur.

– Décembre : lancement d'un troisième emprunt par l'État.

1984

– Janvier : climat de violence en Corse. – Violentes manifestations des éleveurs de porcs bretons contre la chute des cours.

– Janvier–mars : nombreuses manifestations des partisans de l'enseignement libre contre les projets du gouvernement. Le projet de loi est voté par l'Assemblée nationale le 24 mai.

– Février–mars : le gouvernement annonce un plan de modernisation industrielle, concernant en particulier la sidérurgie, les charbonnages et les chantiers navals.

– Mars : vague de terrorisme au Pays basque. – Conflit dans la fonction publique face à la baisse du pouvoir d'achat.

– 31 mars : la C.E.E. décide la mise en place de quotas laitiers, ce qui entraîne de nombreuses manifestations en mai.

– Mai : conflits sociaux chez Citroën, à la S.N.C.F.

– 17 juin : deuxième élection au suffrage universel du Parlement européen.

– 24 juin : grande manifestation des partisans de l'école libre à Paris.

– 12 juillet : le président Mitterrand annonce le retrait du projet de loi sur l'enseignement privé.

– 17 juillet : démission du gouvernement Mauroy. Laurent Fabius est nommé Premier ministre. Les communistes ne font plus partie du nouveau gouvernement.

– 31 juillet : adoption définitive du projet de loi sur le statut de la Nouvelle–Calédonie.

– 12 septembre : adoption définitive du projet de loi sur la presse, visant à limiter la concentration.

– 26 septembre : le gouvernement annonce des mesures en faveur de l'emploi.

– 18 novembre : élections territoriales en Nouvelle–Calédonie, suivies d'affrontements sanglants. Début de la mission d'Edgard Pisani, délégué du gouvernement, en décembre.

1985

– 25 janvier : assassinat de l'ingénieur René Audran par le groupe terroriste Action directe. Six autres attentats commis à Paris en avril.

– 29 janvier : libération des prix des produits pétroliers.

– Janvier : Edgard Pisani propose pour la Nouvelle–Calédonie un plan visant à instaurer l'indépendance–association, rejeté par les Européens. La situation se dégrade.

– 25 février : accident dans une mine de charbon près de Forbach (22 morts).

– Mars : enlèvement à Beyrouth, au Liban, de trois Français, par des groupes terroristes. Deux autres Français sont enlevés en mai. – Nouveaux attentats au Pays basque (également en septembre).

– 30 avril : le gouvernement adopte un projet de loi sur l'évolution de la Nouvelle–Calédonie voté définitivement par le Parlement le 20 août.

– 26 juin : adoption définitive du projet de loi modifiant le mode de scrutin pour les élections législatives de 1986 (scrutin proportionnel à un tour).

– 10 juillet : attentat contre le bateau de l'association Greenpeace, le *Rainbow Warrior* en Nouvelle–Zélande, début de l'affaire Greenpeace. Démission du ministre de la Défense Charles Hernu le 20 septembre et condamnation par la justice néo–zélandaise de deux militaires français le 22 novembre.

– Juillet : l'O.P.E.P. décide une baisse des prix du pétrole.

– Juillet–août : catastrophes ferroviaires en série.

– 7 décembre : attentats contre deux grands magasins à Paris.

– 21 décembre : adoption définitive du projet de loi autorisant la création de télévisions privées en France.

1986

– 1er janvier : la C.E.E. compte douze membres avec l'entrée de l'Espagne et du Portugal.

– 20 janvier : la France et le Royaume–Uni décident la construction d'un tunnel sous la Manche.

– Janvier–mars : chute des prix du pétrole (début du contre–choc pétrolier).

– 16 février : nouvelle intervention militaire française au Tchad.

– 17–19 février : premier sommet de la Francophonie à Versailles.

– 17–28 février : signature de l'Acte unique européen, visant à créer un Grand marché unique en 1993 dans la C.E.E.

– 20–22 février : débuts des cinquième et sixième chaînes de télévision.

– 28 février : adoption définitive du projet de loi sur la flexibilité du travail.

– Février : série d'attentats terroristes à Paris.

– 8 mars : enlèvement de quatre nouveaux Français à Beyrouth.

– 16 mars : élections législatives, défaite des socialistes et victoire de la coalition R.P.R.–U.D.F.

– 17–20 mars : nouveaux attentats terroristes à Paris.

– 20 mars : démission du gouvernement de Laurent Fabius. Jacques Chirac est nommé Premier ministre. Formation d'un nouveau gouvernement. Début de la "cohabitation".

– 6 avril : dévaluation du franc.

– 7 mai : enlèvement d'un neuvième Français à Beyrouth.

– Mai : le gouvernement annonce des mesures importantes de libéralisation de l'économie.

– 4 juin : adoption définitive du projet de loi rétablissant le scrutin majoritaire à deux tours pour les élections législatives.

– 20 juin : libération de deux otages français du Liban.

– 27 juin : adoption définitive d'une proposition de loi sur la presse écrite, abrogeant la loi de 1984.

– 3 juillet : promulgation de la loi supprimant l'autorisation administrative de licenciement.

– 9 juillet : accord avec la Nouvelle–Zélande sur l'affaire Greenpeace. – Vote définitif de la loi sur la Nouvelle–Calédonie.

– Juillet : série d'attentats à Paris, revendiqués par Action directe.

– 29 juillet–7 août : adoption définitive des lois sur la sécurité et les étrangers.

– 31 juillet : vote définitif de la loi sur les privatisations. Elles débutent en septembre 1986.

– 13 août : vote définitif de la loi sur la liberté de communication.

– 4–17 septembre : série d'attentats terroristes à Paris.

– 24 septembre : annonce de l'enlèvement d'un huitième français à Beyrouth.

– 18 octobre : expulsion de 101 Maliens en situation irrégulière.

– 21 octobre : grève dans le secteur public.

– 11 novembre : libération de deux otages français du Liban.

– 12 novembre : mise en place de la Commission nationale de la communication et des libertés, qui remplace la Haute autorité.

– 17 novembre : assassinat de Georges Besse, P.D.G. de Renault.

– 17 novembre–9 décembre : agitation lycéenne et étudiante contre le projet Devaquet de réforme universitaire.

– 11 décembre : adoption définitive du projet de loi sur le logement.

– 24 décembre : libération d'un otage français du Liban.

– Décembre : vague de grèves importante (marine marchande, Air Inter, R.A.T.P., S.N.C.F.) jusqu'en janvier 1987.

1987

– 13 janvier : enlèvement d'un sixième français au Liban.

– 21 janvier : le gouvernement dissout le Mouvement corse pour l'autodétermination.

– 21 février : arrestation des quatre principaux responsables du groupe terroriste Action directe.

– 16 avril : attribution de la chaîne de télévision TF1 au groupe Bouygues lors de sa privatisation.

– 11 mai–4 juillet : procès Klaus Barbie, condamné à la réclusion criminelle à perpétuité.

– 29 mai : le gouvernement annonce des mesures d'urgence pour combler le déficit de la Sécurité sociale.

– 5 juin : promulgation de la loi prévoyant un référendum d'autodétermination en Nouvelle–Calédonie.

– 11 juin : vote définitif par le Parlement du projet de loi sur l'aménagement du temps de travail.

– 15 juillet : le gouvernement prononce la dissolution du groupe indépendantiste basque Iparretarrak.

– 17 juillet : rupture des relations diplomatiques avec l'Iran après l'affaire Gordji.

– Juillet : agitation dans les prisons françaises.

– 13 septembre : référendum d'autodétermination en Nouvelle–Calédonie, succès des anti–indépendantistes.

– 15–28 octobre : forte baisse de la Bourse de Paris.

– Octobre–novembre : émeutes à Papeete, en Polynésie française.

– 27 novembre : libération de deux otages français du Liban.

– 19 décembre : vote de la loi fixant le nouveau statut de la Nouvelle–Calédonie.

1988

– 20 février : arrestation de cinq dirigeants du groupe basque Iparretarrak.

– 25 février : vote définitif de deux lois sur le financement de la vie politique.

– 24 avril–8 mai : élection présidentielle, victoire du président sortant François Mitterrand, élu pour un deuxième mandat de sept ans, contre Jacques Chirac au deuxième tour.

– Avril–mai : violences en Nouvelle–Calédonie au cours des élections régionales (épisode de la prise d'otages d'Ouvéa).

– 4 mai : libération des trois derniers otages du Liban, le dernier français étant mort en détention. Fin de la crise des otages du Liban.

– 10 mai : démission du gouvernement de Jacques Chirac. Michel Rocard est nommé Premier ministre. Un nouveau gouvernement est formé le 12 mai.

– 14 mai : le président Mitterrand dissout l'Assemblée nationale.

– 5–12 juin : élections législatives, les socialistes obtiennent seulement une majorité relative.

– 26 juin : accord entre loyalistes et indépendantistes sur la Nouvelle–Calédonie.

– 26–27 juin : catastrophes aérienne à Mulhouse et ferroviaire à Paris (également accidents ferroviaires à Paris le 6 août et dans la Marne le 7 novembre).

– 28 juin : formation d'un nouveau gouvernement Michel Rocard.

– 3 octobre : violents orages et inondations dans la région de Nîmes.

– 12 octobre : vote de la loi créant un Revenu minimum d'insertion (R.M.I.).

– Octobre : mouvement de grève chez les infirmières.

– 6 novembre : approbation par référendum du nouveau statut de la Nouvelle–Calédonie.

– Novembre–décembre : vague de grèves importante dans le secteur public.

– 22 décembre : adoption définitive du projet de loi sur l'audiovisuel créant un Conseil supérieur de l'audiovisuel (il remplace la C.N.C.L. le 30 janvier 1989).

1989

– Janvier : long conflit dans les prisons.

– Mars–avril : agitation et mouvements de grève en Corse.

– 4 mai : assassinat du chef indépendantiste néo–calédonien, J.–Marie Tjibaou.

– 24 mai : arrestation de Paul Touvier, ancien chef de la Milice lyonnaise pendant la guerre.

– 11 juin : élections provinciales en Nouvelle–Calédonie.

– 18 juin : troisième élection au suffrage universel du Parlement européen.

– 29 juin : adoption définitive d'une proposition de loi relative à l'amélioration des rapports locatifs.

– 4 juillet : adoption définitive d'un projet de loi relatif à l'entrée et au séjour des étrangers en France, modifiant la loi de 1986.

– 14–16 juillet : quinzième sommet des sept grands pays industrialisés à Paris.

– Juillet–août : nombreux incendies de forêts dans le sud–est et en Corse.

– Octobre : nombreux conflits sociaux (prisons, Peugeot...).

– 12 décembre : le gouvernement annonce la levée totale du contrôle des changes au 1er janvier 1990.

– 22 décembre : vote définitif par le Parlement de la loi sur le financement des campagnes électorales et des partis politiques.

1990

– 12 janvier : annonce du rachat de la compagnie U.T.A. par Air France, qui prend ainsi le contrôle d'Air Inter.

– Janvier–mars : mouvement de grèves important des internes et chefs de clinique pour protester contre une loi limitant leur installation.

– 23 février : signature d'un accord entre les constructeurs automobiles Renault et Volvo.

– Février : accord entre le gouvernement et les syndicats sur la réforme de la grille salariale de la fonction publique.

– Février–mars : plusieurs tempêtes et une vague de froid causent d'importants dégâts matériels et des victimes.

– 9 mars : installation du Haut conseil de l'intégration, créé par le gouvernement.

– 10 mai : profanation du cimetière juif de Carpentras.

– 24 mai : intervention militaire française au Gabon.

– 3 juillet : arrêt du surgénérateur Superphénix, après un incident.

– 2 août : l'Irak envahit le Koweït, déclenchant une grave crise internationale. Cela entraîne une forte hausse des prix du pétrole en août–septembre.

– Août : violents incidents dans le Midi.

– Août–septembre : agitation paysanne à cause de la baisse des cours.

– Octobre : émeutes urbaines à Vaux–en–Velin.

– Octobre–novembre : forte agitation, grèves et manifestations des lycéens qui réclament de meilleures conditions de travail.

– 19 novembre : adoption du projet de loi créant la Contribution Sociale Généralisée (C.S.G.).

– 13 décembre : adoption définitive de la loi relative à la lutte contre le tabagisme et l'alcoolisme.

– 21 décembre : fermeture du dernier puits de charbon dans le Nord–Pas-de–Calais.

1991

– 17 janvier–28 février : participation militaire française à la guerre du Golfe, visant à libérer le Koweït.

– 23–25 février : graves émeutes dans l'île de la Réunion.

– Mars–juin : nombreux et violents incidents dans les banlieues.

– 12 avril : adoption définitive du projet de loi réformant le statut de la Corse.

– 15 mai : démission du gouvernement de Michel Rocard. Mme Edith Cresson est nommée Premier ministre. Un nouveau gouvernement est formé.

– 12 juin : le gouvernement annonce un plan visant à réduire le déficit de la Sécurité sociale.

– Juin–juillet : violentes manifestations de harkis dans le sud de la France.

– 3 juillet : vote définitif du projet de loi d'orientation sur la ville et du projet de loi sur la réforme hospitalière.

– 25 septembre : mort de Klaus Barbie à Lyon.

– Septembre : le gouvernement annonce des mesures pour relancer l'activité économique et lutter contre le chômage.

– Septembre–octobre : violentes manifestations paysannes.

– Octobre : vote du projet de loi réduisant la durée du service militaire de 12 à 10 mois.

– Octobre–novembre : début de scandale du sang contaminé en 1985 par le virus du sida. – Nombreux mouvements sociaux (infirmières, fonctionnaires, Renault).

– 7 novembre : le gouvernement annonce des mesures importantes de délocalisation en province d'organismes publics.

– 19–21 novembre : quatrième sommet de la Francophonie à Paris.

– 9–10 décembre : sommet européen de Maastricht, adoption d'un traité visant à instaurer une Union économique et monétaire, entre les douze pays de la C.E.E.

1992

– 7 février : signature officielle du traité de Maastricht par les douze pays de la C.E.E.

– 2 avril : démission du gouvernement d'Edith Cresson. Pierre Bérégovoy est nommé Premier ministre. Un nouveau gouvernement est formé.

– 12 avril : ouverture du parc d'attractions Euro–Dysneyland à Marne-la–Vallée.

– 13 avril : la justice prononce un non–lieu en faveur de Paul Touvier (décision cassée le 27 novembre).

– 5 mai : accident meurtrier au cours d'un match de football à Furiani en Corse.

– 20 mai : le gouvernement présente des mesures en faveur des banlieues.

– 21 mai : la C.E.E. adopte une profonde réforme de la Politique agricole commune.

– 23 juin : le Parlement réunit en Congrès vote une modification de la Constitution nécessaire à la ratification du traité de Maastricht.

– 7 juillet : adoption définitive du nouveau Code pénal (il entre en vigueur le 1er mars 1994).

– 19 août : le gouvernement annonce des mesures de lutte contre la criminalité en Corse.

– 20 septembre : approbation par référendum du traité de Maastricht.

– Septembre : inondations meurtrières dans le sud de la France (Vaison–la–Romaine).

– 2 octobre : René Monory est élu président du Sénat, en remplacement d'Alain Poher, à ce poste depuis 1968.

– Octobre : condamnation des responsables de l'affaire du sang contaminé par le virus du sida.

– 19 décembre : le Parlement adopte définitivement un nouveau code de procédure pénale.

1993

– 1er janvier : entrée en vigueur du marché unique européen entre les douze pays de la C.E.E.

– 21–28 mars : élections législatives, défaite de la majorité socialiste et très large victoire de la coalition R.P.R.–U.D.F.

– 29 mars : démission du gouvernement de Pierre Bérégovoy. Édouard Balladur est nommé Premier ministre. Un nouveau gouvernement est formé le 30. Début d'une deuxième cohabitation.

– 1er mai : suicide de l'ancien Premier ministre Pierre Bérégovoy.

– 10 mai : le gouvernement présente des mesures de redressement économique et social devant la situation de grave récession, mesures marquées par un alourdissement des prélèvements et une diminution des dépenses de l'État.

– 8 juin : assassinat de René Bousquet, ancien collaborateur du régime de Vichy.

– 24 juin : adoption définitive du projet de loi réformant le Code de la nationalité.

– Juin–juillet : lancement d'un important emprunt par l'État.

– 8 Juillet : adoption définitive du projet de loi de privatisations. Elles débutent en octobre 1993.

– Juillet : le Parlement adopte le projet de loi réformant le statut de la banque de France et le projet de loi sur la maîtrise de l'immigration et les conditions d'entrée et de séjour des étrangers en France.

– Juillet–août : crise grave au sein du Système monétaire européen, le franc est fortement attaqué.

– 1er novembre : entrée en vigueur du traité de Maastricht, la C.E.E. devient l'Union Européenne.

– 19 novembre : adoption définitive du projet de loi quinquennal pour l'emploi.

– 14–15 décembre : conclusion des négociations de l'Uruguay round dans le cadre du G.A.T.T.

– 15 décembre : adoption définitive du projet de loi visant à réformer le financement de l'enseignement privé (forte opposition des milieux enseignants et censure partielle du Conseil constitutionnel en janvier).

1994

– 22 février : le gouvernement annonce le redémarrage du surgénérateur Superphénix, qui sera consacré à la recherche (effectif en août).

– 25 février : assassinat du député Mme Yann Piat.

– Mars : manifestations et grèves des étudiants et lycéens contre le projet du gouvernement d'instaurer un contrat d'insertion professionnelle. Retrait du projet le 30 mars.

– 17 mars–20 avril : procès de Paul Touvier, ancien chef de la Milice lyonnaise pendant la guerre, pour "complicité de crimes contre l'humanité", il est condamné à la réclusion à perpétuité. Mort le 17 juillet 1996.

– 6 mai : inauguration du tunnel sous la Manche.

– 7 mai : lancement du premier porte–avions nucléaire, le Charles de Gaulle.

– 12 juin : quatrième élection au suffrage universel du Parlement européen.

– 13 décembre : décès d'Antoine Pinay, homme politique des quatrième et cinquième Républiques à l'âge de presque 103 ans.

1995

– 22 février : Roland Dumas est nommé président du Conseil constitutionnel.

– 20–21 mars : réunion à Paris de la Conférence sur la stabilité en Europe.

– 26 mars : entrée en vigueur de la convention de Schengen, prévoyant la libre circulation des personnes en Europe.

– 23 avril–7 mai : élection présidentielle : victoire du candidat R.P.R. Jacques Chirac contre Lionel Jospin (P.S.) au deuxième tour.

– 11 mai : la France signe avec 177 autres États la prorogation illimitée du traité de non-prolifération nucléaire (T.N.P.), en vigueur depuis 1970.

– 17 mai : entrée en fonctions du nouveau président Jacques Chirac. Alain Juppé est nommé Premier ministre. Un nouveau gouvernement R.P.R.-U.D.F. est formé le 18 mai.

– 13 juin : le président Chirac annonce une reprise des essais nucléaires, suspendus depuis avril 1992. Ils ont lieu du 5 septembre 1995 au 27 janvier 1996.

– 22 juin : le gouvernement présente un projet de loi rectificatif pour 1995, prévoyant une hausse de la T.V.A. et le lancement d'un plan emploi.

– Juin : la France participe à la création par l'O.N.U. d'une Force de réaction rapide pour mettre fin à la guerre en Bosnie-Herzégovine.

– 25 juillet–17 octobre : vague d'attentats terroristes à Paris et dans la région lyonnaise, attribuée aux islamistes algériens.

– 31 juillet : le Parlement réuni en Congrès vote une modification de la Constitution, étendant le champ du référendum et allongeant la durée de la session parlementaire.

– 20 septembre : présentation par le gouvernement du projet de loi de finances pour 1996 prévoyant une hausse des prélèvements obligatoires (création du R.D.S. en février 1996) et donnant la priorité à la réduction du déficit budgétaire.

– Octobre–décembre : mouvement de grève des étudiants dans les universités pour réclamer des moyens supplémentaires.

– Novembre-décembre : important mouvement de grève dans la fonction publique, à la R.A.T.P. et à la S.N.C.F., à la suite de l'annonce par le gouvernement d'un plan de réforme de la Sécurité sociale et du contrat de plan État-S.N.C.F. Trois ordonnances sur la réforme de la Sécurité sociale sont adoptées le 24 avril 1996.

1996

– 8 janvier : décès de François Mitterrand, ancien président de la République de 1981 à 1995.

– 19 février : le Parlement réuni en Congrès vote une modification de la Constitution, lui attribuant le contrôle du budget de la Sécurité sociale.

– 13 mai : privatisation partielle du constructeur automobile Renault.

– 22 mai : adoption du projet de loi d'intégration urbaine, créant des zones franches dans les banlieues.

– 28 mai : le président Chirac annonce la suppression du service militaire en 1997.

– 4 juillet : annonce de la fusion entre Air France et l'ex-Air Inter en 1997.

– Août-décembre : série d'attentats en Corse. Un projet de loi créant une zone franche est adopté le 6 décembre.

– Novembre : mouvement de grève et de blocus des transporteurs routiers.

– 3 décembre : attentat terroriste dans le R.E.R. à Paris.

1997

– 7 février : le Parlement adopte définitivement le projet de loi réformant la S.N.C.F.

– 20 février : le Parlement adopte définitivement la proposition de loi créant des plans d'épargne-retraite.

– 26 mars : le Parlement adopte définitivement le projet de loi sur l'entrée et le séjour des étrangers en France.

– Mars-avril : mouvement de grève des internes des hôpitaux contre le plan de réforme de la Sécurité sociale.

– 1er avril : libéralisation totale du transport aérien dans l'Union européenne.

– 21 avril : le président Chirac dissout l'Assemblée nationale.

– 25 mai–1er juin : élections législatives, défaite de la majorité sortante R.P.R.–U.D.F. et victoire de la gauche.

– 2 juin : démission du gouvernement d'Alain Juppé. Lionel Jospin est nommé Premier ministre. Un nouveau gouvernement (P.S., P.C.F., Verts) est formé le 4 juin. Début d'une nouvelle cohabitation.

© Juin 1997 Éditions Jean-Paul Gisserot. Ce livre a été imprimé et broché par Pollina, 85400 Luçon - n° 77623.   La mise en page est du studio des éditions Gisserot à Paris sur une composition de l'auteur.

Imprimé en France.